suhrkamp taschenbuch 4577

Kaum jemand versteht so viel vom Unterwegssein als Lebensform wie der polnische Schriftsteller Andrzej Stasiuk. Seine fünfzig Stücke kurzer Prosa über Menschen und Reisen spielen in den wenig besiedelten Gegenden an der polnisch-ukrainischen Grenze, in der sibirischen Steppe, sie entführen uns bis nach China und in die Mongolei. Ein Buch über entwurzelte Künstler aus der lemkisch-slowakischen Provinz (Andy Warhol und Nikifor aus Krynica), die Arm in Arm über den Broadway schlendern. Impressionen und Meditationen über das Ende der Sesshaftigkeit, eine Liebeserklärung an den unbetretenen, unbeschriebenen Raum, an die mongolische Steppe, die »reinste« Landschaft, wo es nichts gibt außer Himmel und Erde. Ein Brevier für erfahrungshungrige Leser, denen der Gedanke an eine Welt jenseits der eigenen einen Stich ins Herz versetzt.

Andrzej Stasiuk, 1960 geboren, lebt seit 1986 in den Beskiden und bereist seit Jahren den europäischen Südosten, neuerdings auch Russland, die Mongolei und den Pamir. Sein vielfach ausgezeichnetes Werk erscheint in fast 30 Ländern. Zuletzt erschienen *Hinter der Blechwand* (st 4405), *Kurzes Buch über das Sterben* (st 4421).

Andrzej Stasiuk
Der Stich im Herzen
Geschichten vom Fernweh

Aus dem Polnischen von
Renate Schmidgall

Suhrkamp

Die Originalausgabe erschien 2013 unter dem Titel
Nie ma ekspresów przy żółtych drogach
bei Czarne, Wołowiec.

Erste Auflage 2015
suhrkamp taschenbuch 4577
Deutsche Erstausgabe
© Suhrkamp Verlag Berlin 2015
© by Andrzej Stasiuk, 2013
Suhrkamp Taschenbuch Verlag
Druck und Bindung: CPI – Ebner & Spiegel, Ulm
Umschlagfoto: Laurie Noble / Getty Images
Umschlaggestaltung: hißmann, heilmann, hamburg
Printed in Germany
ISBN 978-3-518-46577-6

Der Stich im Herzen

Sand, alter Beton, Unkraut. In dem Hotel aus grauem
Backstein wollen sie uns nicht. Nervös beraten sie sich.
Alles Frauen. Aus der Küche riecht es. Aber schließlich
sind sie einverstanden, sie bitten uns nur, niemandem zu
sagen, dass wir hier wohnen. Von drinnen kommen einige chinesische Bahnangestellte. Sie gehen zum Ausgang und wir zum Zimmer, das so niedrig ist, dass ich
mit der Hand an die Decke reiche. Das Fenster ist auch
niedrig und geht auf das Unkraut hinaus.

Am nächsten Tag fahren wir nach Osten. Die Steppe
beginnt. Rechts noch einige Bäume, dazwischen Pferde,
die Schatten suchen, dann nichts mehr. Gras bis zum
Horizont. Die Schotterstraße schraubt sich einen Bergrücken nach dem anderen hinauf, aber auch da ist nur
Grün. Unendliches Grün unter blauem Himmel. Schon
immer wollte ich das sehen, ich habe versucht, es mir
vorzustellen, aber so hätte ich es mir nicht gedacht. So
riesig, so einfach, so schön. Das hat etwas von Religion.

Wir fuhren nach Krasnokamensk. Wir brauchten ein
Ziel, einen Punkt in dieser Endlosigkeit. Dort wurde
das meiste Uran in Russland gefördert. Neunzig Pro-
zent. Für Kraftwerke, für Unterseeboote, für Raketen
und Bomben. Eine Art Grauen legte sich über die Steppe. Es strahlte. Eine melancholische Stadt. Alte Betonblocks, sonst nichts. Pappeln, Staub, Wind und Unkraut.
Für den Energieproduzenten einer Weltmacht sah die
Stadt ärmlich aus. Aber der ganze Osten war so: Er

kümmerte sich um nichts außer um seine beharrliche Existenz, außer um sein hartnäckiges Sich-über-Wasser-Halten. Alles andere hatte keine Bedeutung.

Alte Straße Gródek – Jabłonna Lacka

Hier wanderten die Toten auf den Friedhof, der sich beim zweiten Kilometer hinter dem Dorf befand. Den ganzen Weg wurden die Särge von den Verwandten auf den Schultern getragen. Die Männer wechselten sich von Zeit zu Zeit ab, achteten darauf, dass sie gleich groß waren. So brachte meine Großmutter diesen Weg hinter sich, so auch mein Großvater. Zu beiden Seiten wuchsen Bäume, man ging also im Schatten. Jedenfalls im Sommer. Im Winter wehte ein scharfer Wind von den Feldern her. Am schönsten war es im Herbst. Die Landschaft hatte etwas von einem Aquarell. Der Nebel verwischte ein wenig die Farben. Die Rot-, Gelb- und Blautöne, die Reste von Grün. Alles wogte ein bisschen, fiel in Streifen, zerfloss in der Entfernung. Die Landschaft ging zu Ende, aber jenseits von ihr war etwas, das unwiderstehlich die Phantasie anregte. Nichts Konkretes, nichts Deutliches. Es war eher das Vakuum, die Leere, erfüllt vom milchigen Herbstlicht. Sooft ich in dieser Gegend bin, bleibe ich am Friedhof stehen und halte Ausschau. Bisweilen ist es wieder da, in irgendeiner Form. Dieses Licht, dieser Glanz, der aus dem Unbekannten kam. Vielleicht von dem Ort, zu dem die Toten gegangen waren. Vielleicht auch nur aus unserem eigenen Geist.

Am besten man kommt von Dukla, dann währt der Anblick länger, man braucht weder anzuhalten noch zu-
rückzuschauen. Und es muss gutes Wetter sein. Jedenfalls muss der Liwocz zu sehen sein: der große, breite,
ausladende Berg, hinter dem gleich die Sonne verschwindet. Er schließt im Nordwesten die Landschaft ab.
Und von dieser Landschaft gibt es außerordentlich viel.
Als wäre die Erde eigens hier eingebrochen, um ein rie-
siges Amphitheater zu bilden. Viele, viele Kilometer
Landschaft. Häuser, Dörfer, Kirchtürme, Bäume, Wäldchen, die langen, welligen Linien der Hügel, Feldraine,
die senkrechten Striche der Pappeln, alles in rotgoldenes
Licht getaucht.

Dann fährt man bergab, gleich kommt Żmigród, man
biegt rechts ab, Marktplatz, Abfahrt und gleich nach
links, die Brücke über die Wisłoka. Nach zehn Kilometern erscheint wieder die gleiche Aussicht, aber jetzt aus
einem etwas anderen Winkel, das Zoom holt sie etwas
heran und vergrößert sie. Die Dämmerung hat sich
verdichtet, doch die neblige Luft bewahrt Reste von
Licht. Man kann von der Hauptstraße nach rechts abfahren, in die Nebenstraße nach Dębowiec, und anhal-
ten. Was da unten liegt, gleicht einem Bild. Der Liwocz
ist näher und dominiert die Landschaft nicht mehr, sondern schützt sie. Schirmt sie gegen den Nordwind ab.
Am Fuß des Berges wieder Häuser, Dörfer, Kirchen,
Raine, Straßen, erste Lichter in den Fenstern wie ferne
Funken, die Tiere kehren von der Weide zurück, man

hört das Insektengeräusch eines Motorrads, im Herbst
und im Frühjahr steigen Rauchbänder von den Feuern
auf, im Winter streben graublaue Fäden aus den Schorn-
steinen senkrecht zum Himmel. Wieder treffen die ho-
rizontalen, wogenden Linien der Landschaft auf die
vertikalen Umrisse der an den Straßen wachsenden
Pappeln und die scharfe Spitze des Kirchturms in Ciek-
lin. Immer wenn ich daran denke, wie ein Land aussehen müsste, nach dem man sich sehnt, habe ich diese
Landschaft vor Augen. Ideal und unerreichbar in einem.
Und mir kommt in den Sinn: In so einer Landschaft
müsste der Mensch geboren werden, seine Kindheit
verbringen und sie dann verlassen, um zu wissen, was
verlorene Liebe bedeutet.

Bratsk. Flughafen

Wir flogen von Moskau nach Irkutsk. Es wurde schon
hell. Unten erschien im grauen Morgenlicht ein Was-
serspiegel, der nur einen Ton dunkler war. »Eto Bajkal«,
sagte ein junger Russe nebenan zu sich selbst, vielleicht
auch zu mir. Er sagte es mit der Bewunderung und der
Achtung, die diesem Binnenmeer gebührt. Aber es war
nicht der Baikalsee. Es war der Bratsker Stausee. Ein
künstlicher See von sechshundert Kilometer Länge, der
an manchen Stellen fünfundzwanzig Kilometer breit ist.
Kurz darauf landeten wir in Bratsk. Keine Ahnung, warum. Irkutsk lag dreihundertfünfzig Kilometer weiter
im Süden. Es regnete. Ein Flughafenbus kam – ein Lastwagen mit Fahrgastkabine statt Ladefläche, eine Art

Kombinationsbus. Ich ging über die Treppe auf die Landebahn und sah, dass alles hier alt und marode war. Der geborstene Beton, das Unkraut in den Ritzen, die Ölflecken, dieses Fahrzeug, in das wir verladen werden sollten. Ich war zum ersten Mal in Russland und gleich so weit weg. Sie brachten uns in die Halle. Sie erinnerte an einen Busbahnhof in der Provinz, nur größer. Es war Morgen. Die Leute waren mit Bündeln unterwegs. Schmutzige Fensterscheiben, Tafeln, die Ärmlichkeit und Trostlosigkeit der Imbissbar mit geruchlosem Kaffee und chinesischen Suppen. Doch ich wusste sofort, dass ich von diesem Land nicht mehr loskommen, dass ich es nicht würde vergessen können. Weil ich hier die Spuren eines Experiments von globaler Bedeutung gefunden hatte. Der Kommunismus war keine materialistische Revolution. Er war in seinem Wesen antimaterialistisch. Er versuchte die Materie für ungültig zu erklären, ihre Nützlichkeit, ihre Notwendigkeit zu leugnen. Alles zeugte davon. Der geborstene Beton, das Unkraut, die ganze Verzweiflung und Hässlichkeit, die in den Dingen zum Vorschein kam. Alles war krumm, schief, wackelig und zugleich gigantisch. Das musste ich verfolgen, ich konnte den Blick nicht abwenden. Von Bratsk, morgens um sechs im Regen.

Ulan Bator, Mandalgow, Dalandzadgad, Manlai, Mandal, Sajnschand, Dzamyn Üüd

Zehn Tage in der Gobi. Eintausendsechshundert, eintausendachthundert Kilometer. Ohne sich zu waschen.

Es gab kein Wasser. Ganz einfach. Nur zum Trinken und Kochen. Die Wüste ist gelb, sie ist grau, golden und grün. Zehn Tage am Lagerfeuer, das mit Kamelmist gemacht wird. Manchmal trafen wir auf Saksaulsträucher, dann hatten wir ein wenig Holz. Wenn wir am Abend unser Lager aufschlugen, war es absolut still ringsum. Bis zum Horizont. Es sei denn, es kam Wind auf. Zehn Tage in der Hocke, im Zelt, auf Knien. Aufbauen, abbauen. Wir mussten auf Skorpione achten. Die Skorpione in der Gobi sind grünlich und unscheinbar. Zweimal habe ich einen fernöstlichen Mokassin gesehen. Ich stand morgens um sechs auf und ging los. Früher oder später traf ich auf Kamelspuren. Manchmal machten wir in Jurten Halt. Die Hirten nahmen uns auf, ohne zu staunen. Diskret betrachteten sie uns. Sie boten uns Tee mit Milch und getrockneten Käse an. Dann fuhren wir wieder weg. Sie schauten uns lange nach, den Fremden, die sie nie wieder sehen würden. Es waren viele Kilometer von einer Jurte zur anderen. Wir trafen einen Reiter. Er saß im Schatten seines Pferdes und wartete auf etwas. Ringsum war nichts, bis zum Horizont, nur Sonne und unbewegte Luft. Er bat unseren Fahrer um Wasser und trank die ganze Flasche aus. Anderthalb Liter. Wir fuhren weiter. In dem kurzen Schatten des Pferdes blieb er allein zurück. Dieses Land hat etwas Hypnotisches. Zum Reisen gibt es kein besseres. Man fährt in die Tiefe der Landschaft und zugleich in die Tiefe der Zeit. Denn hier ist fast alles, wie es früher war. Kaum etwas hat sich verändert. Man muss in der Hocke leben, am Lagerfeuer. Und in die Nacht lauschen.

Was vergangen ist, kehrt wieder. Es dringt wie eine feine Nadel ins Herz. Ein Detail genügt. Ein Laut, ein Geruch, ein Bild, ein Augenblick. Du nimmst etwas aus dem Augenwinkel wahr, und das Vergangene kehrt mit unverhoffter Kraft wieder. Die Kindheit. Immer ist es die Kindheit, und man kann nicht sagen, wo ihre Grenze verläuft. Zehn Jahre, zwölf? Als hätte die spätere Zeit nicht mehr diese Macht. Suceava vor langer Zeit, Morgen, ein paar Kinder spielen an der Wand eines düsteren Wohnblocks. Das Grau der Backsteine und des Sandes versetzt mich vierzig Jahre zurück, die Gegenwart verschwindet für Sekunden, um einem Sommermorgen bei den Großeltern auf dem Dorf Platz zu machen. Das blendet wie Blitzlichtpulver. Kinder, grauer Sand, graue Mauer. So funktioniert die Erinnerung. Es ist unmöglich, ihre Gesetze zu entschlüsseln. Es dauerte nur einen Augenblick. Das Taxi brachte uns zum Bahnhof. Es war, als hätte der Tod sich entfernt, als hätte er für diesen Bruchteil der Zeit seine Macht verloren. Genau.

Er hatte ein speziell für ihn konstruiertes Bett. Das nahm er sogar auf Auslandsreisen mit, weil er weiche, einsinkende Matratzen nicht ausstehen konnte. Auch ein spezielles Podest transportierte er, das man über der Toilette aufstellen konnte, denn er mochte es nicht, sich zu setzen; er musste in die Hocke gehen. Aber das Bett war das Wichtigste. Nicht ausgeschlossen, dass er mehr Zeit in horizontaler als in vertikaler Position verbrachte. Er verdaute und las. Schon in seiner Jugend formulierte er den Gedanken vom größten Glück: »Ich esse jeden Tag ausgezeichnet, was meinem Bauch willkommen ist, und achte auf die Gesundheit. Und ich kann alle Bücher lesen, auf die ich Lust habe. Das ist wirklich wunderbar«, schrieb er an einen Freund. Später, als er die uneingeschränkte Macht errungen hatte, ließ er sich in ebenso uneingeschränkter Zahl Frauen in sein Spezialbett kommen. Sein Leibarzt behauptete, es seien bisweilen vier oder fünf gleichzeitig gewesen. Alle jung, berauscht von seiner Gegenwart. Er wusch sich nicht, er putzte nicht die Zähne. Den Mund spülte er mit Tee aus, seinen fetten Körper ließ er mit einem heißen Handtuch abreiben.

Das Bett war so konstruiert, dass man Stapel von Büchern darauf unterbringen konnte. Er lag und las. Wie die meisten Tyrannen war er eine Art gescheiterter Künstler. Er plante Fiktionen und setzte sie dann in die Realität um. Denn was, wenn nicht eine schwindelerregende Fiktion, war denn die Idee, alle Spatzen im Staat auszurotten, weil die Vögel die Ernte vernichteten? Und tatsächlich – das ganze Land, einige hundert Millionen Menschen machten Tag und Nacht einen Heidenlärm, fuchtelten mit Stöcken, warfen mit Steinen, schlugen auf Töpfe, so dass die kleinen grauen Diebe keinen Augenblick mehr Ruhe hatten, sich nicht für einen Moment mehr hinsetzen konnten. Die Vögel starben vor Erschöpfung im Flug. Ganz China war mit kleinen Vogelkörpern übersät, doch die verhungernden Bauern hatten etwas zu essen.

Tyrannen werden aus der Lektüre geboren. Die größten Tyrannen lasen permanent. Sie unterbrachen nur, um die Fiktion in Realität zu verwandeln. Unser Held brachte Millionen von Menschen um, und dann verschanzte er sich in seinem Lager, um zu kopulieren und zu lesen. Er hielt nicht gern Reden, sprach schlecht Mandarin, hatte keine Angehörigen, er lag und las. Die Lektüre vermischte er mit Erfindung, und anschließend rief er seine Untergebenen, die sich auf die abgenutzten Stühle am Fuße des Bettes setzten, und befahl: »Verwandelt China in ein Reich der Schweine, dank dessen wird es viel Mist geben sowie Fleisch im Überfluss, das man exportieren wird, im Tausch gegen Eisen und Stahl.« Oder er verkündete, dass das Land in der Hüttenindustrie einen Wettkampf mit Großbritannien beginnen werde und in einigen Jahren den Sieg davontragen solle. Die Bauern gaben ihre Arbeit im Feld auf und bauten in den Dörfern primitive Schmelzöfen. Aus Mangel an Erz schmolzen sie Töpfe, Löffel, Klinken ein, das ganze erbärmliche Metall, das sie in ihren Hütten fanden. Als sich das Land am Rande der Selbstausrottung befand, als man die Opfer des Großen Sprungs in

Millionen zu zählen begann, zog sich der große Steuermann auf sein Bett zurück, um etwas über die Leistungen der alten Kaiser zu lesen. Zum Beispiel darüber, wie Qin Shi Huang, der das Kaiserreich vereinigt hatte, befahl, alle Bücher zu verbrennen, die Gelehrten zu ermorden und ganz von vorne anzufangen. Das war übrigens die Idee der »Kulturrevolution«, die Mao proklamierte. Nur dass es inzwischen wesentlich mehr Bücher zu verbrennen gab und die ermordeten Gelehrten in die Millionen gingen.

Deshalb wollte ich ihn letzten Endes sehen. Die Schlange wand sich um das Mausoleum. Hunderte, vielleicht Tausende von Menschen. Die Rucksäcke mussten wir abgeben. Die Polizisten trieben uns an wie Vieh, das verladen wird. Über eine Treppe in den ersten Saal, wo eine helle Statue steht, unter der man Blumen ablegte, und dann in den zweiten, wo er unter Glas lag. Rosig, aufgedunsen, mit der chinesischen Flagge bedeckt. Man konnte kaum einen Blick auf ihn werfen, schon jagten sie einen weiter. Ein Polizist in weißen Handschuhen legte in einer absurden Geste den Finger an den Mund, als solle man still sein, damit er nicht erwacht. Ein, zwei Sekunden für den Anblick einer fetten, aufgeblähten Leiche.

Gegen Abend leert sich der Tian'anmen. Militär und Polizei jagen alle weg von dem größten Platz der Welt. Damit er Ruhe hat. Vielleicht liest er dort in seinem Aquarium. Am Tor zur Verbotenen Stadt hängt ein gigantisches Porträt von ihm. Ein fettes, ausdrucksloses Gesicht mit einer Warze am Kinn. Er blickt direkt auf den Ort seiner Bestattung.

Sie werden geboren, wenn es kalt ist. Im Februar oder Anfang März. Darin liegt eine gleichgültige Grausamkeit. Draußen funkelnder Frost, und dort kommt zwischen vier nicht allzu warmen Holzwänden etwas so Zartes zur Welt. Es fühlt sich kalt an, weil es mit der Fruchtblase, mit Ausscheidungen, mit den Resten des vorherigen Lebens bedeckt ist, das zur Hälfte ein Leben im Wasser war, und hier dieser Frost, und man hat ein wenig Angst, dass es gleich erfrieren könnte. Man muss also ein Bündel Heu nehmen, es abreiben, massieren, bis es halbwegs trocken ist. Obwohl man nicht immer zur Stelle ist, schaffen sie es irgendwie. Vor allem die sogenannten primitiven Rassen, uralt und nicht von der Zucht verdorben – der Zucht, die ein wildes Tier in ein raffiniertes Produkt verwandelt, das ohne den Menschen nicht mehr auskommt.

Jedenfalls brachte der Februarfrost immer eine Mischung von Furcht und Mitleid mit sich. Bis ich in die Mongolei gefahren bin und die Winterquartiere der Schafe am Rande der Altan Els gesehen habe – dieser nördlichsten Wüste der Erde. Das waren nicht einmal Gebäude, sondern Umzäunungen aus Steinen, in Bodensenken verborgen, die vor den Nordwinden aus Sibirien schützen sollten. Im Winter lagen die Temperaturen dort bei minus fünfunddreißig Grad.

Jetzt mache ich mich nicht mehr so verrückt. Ich reibe sie mit dem Heu ab und schaue, ob sie sich auf den Beinen halten können. Die Beine sind das Längste an ihnen, überproportional lang, denn sie werden die

einzige Waffe dieser recht wehrlosen Geschöpfe sein.
Manchmal dauert es, bis sie aufstehen, weil sie noch zu
schwach sind, weil es ein bisschen zu früh ist, weil das
Leben noch nicht gezündet hat, dann muss man helfen:
vor allem den Weg zur Zitze der Mutter zeigen. Man
muss ihnen die Zitze unter die Nase halten, sie in das
kleine Maul stecken und festhalten. Die Zitze ist das
Wichtigste. Wenn man es recht überlegt, ist der Rest der
Mutter eigentlich überflüssig. Nötig ist nur die ange-
schwollene, heiße Zitze voller Milch. Im Vergleich zur
Ziege beispielsweise hat das Schaf weniger Milch, aber
dafür ist sie fetter, dicker, süßer und schmeckt im Grunde gar nicht wie Milch, sondern wie ein erlesenes Des-
sert. Vielleicht schmeckt sie wie das Leben selbst, wie
seine Essenz? Und wenn die warme Maschinerie dann
in Gang kommt, wenn das Lamm – platt wie eine Flun-
der, langbeinig und auf den ersten Blick nicht besonders
gelungen – die Quelle erreicht hat, können wir beru-
higt sein: Es wird leben.

Und wie! Immer mehr. Von Tag zu Tag stärker. Bald
schwillt es an, wird rundlich, gewinnt massive Körper-
lichkeit. Um saugen zu können, wird es in seiner knien-
den Lammhaltung gnadenlos in die Zitze stoßen und
mit dem halblahmen Lammschwänzchen nach allen
Seiten wedeln. Fünfmal wedeln und ein Stoß ins Euter,
fünfmal wedeln und wieder die brutale Massage, damit
es besser ins Maul fließt. Dieser anfangs so schwächliche,
klapprige, wacklige Körper verwandelt sich nach zwei,
drei Wochen in eine Körperkugel. In ein Geschoss aus
Fleisch. Es hüpft, kullert, mit junger, zarter Wolle bedeckt drängt es vorwärts, stößt sich mit den Hinterbei-

nen ab, vollführt mit den Vorderbeinen Pirouetten und Saltos. In Momenten von absolutem Schafsglück stößt es sich auf urkomische Weise mit allen vieren ab und hüpft wie auf Sprungfedern in die Ferne. Ein heiterer Tag und ein bisschen Sonne genügen. In dieser Hinsicht sind Schafe ganz wie Menschen.

In diesem Winter sind drei dazugekommen, und alle sind schwarz. Ich gehe öfter zu ihnen, als es meine Pflicht als Schafhirte gebietet, und schaue einfach. Emil Cioran hat geschrieben, wir sollten, statt uns ständig wie verrückt um die Wette zu zivilisieren, verlaust und fröhlich in der Wärme der Tiere hocken oder so ähnlich. Ich lese ausgesuchte Philosophen, aber ihre Lehre kann ich nur auf treuherzige und unmittelbare Art annehmen. Also gehe ich zu den Schafen und hocke mich hin. Ich warte, bis sie näher kommen und den fremden, menschlichen, aber ihnen doch bekannten Geruch wittern. Bis sie für einen Augenblick das Misstrauen vergessen, dem sie ihr Leben verdanken, und in Reichweite kommen. Jetzt ziehe ich ihren Geruch in die Nase. An warmen, trockenen Tagen ist es ein scharfer, ausgeprägter, betäubender Geruch. Er hat etwas Fernes, Archaisches. Falls er uns jemals eigen war, haben wir ihn schon lange und für immer verloren.

Einmal haben wir uns nachts in der Gobi verirrt. Innerhalb weniger Augenblicke war es total dunkel. Zu unserem Lager waren es einige Kilometer. Es gab keinen Funken, kein Licht – nichts. Ich ging vor mich hin und schnupperte die Dunkelheit. Im schlimmsten Fall rollen wir uns zusammen und warten, bis es hell wird, dachte ich. Aber ich schnupperte die Finsternis und

witterte schließlich den uralten Geruch von Tieren, die
unter freiem Himmel stehen, scheinbar domestiziert,
aber doch nicht ganz. Auf der Spur dieses Geruchs gelangten wir nach etwa einer Viertelstunde zu einer Jurte.
Daneben war das Gatter für die Tiere. Die Hirten halfen
uns, unseren Lieferwagen und die Zelte zu finden.

So hocke ich heiter da, auf die Verlausung kann ich
gerne verzichten, und schnuppere meine Miniherde.
Sie riecht wie die in der Gobi. Schön, stark, betäubend.
Der Mensch – ich bemühe mich, Ciorans Ton nachzu-
ahmen – sollte Schafe haben. Sie retten uns nicht, be-
freien uns nicht von der Einsamkeit, aber sie können
uns im Dunkel den Weg weisen. Nicht unbedingt in
dem Dunkel, zu dem wir streben, aber in dem, aus dem
wir gekommen sind.

Eines ist nicht ganz schwarz. Es hat ein weißes Stern-
chen am Kopf.

Um einen Teil des Geldes bat er gleich am Anfang. »Ich muss den Kindern etwas hierlassen«, sagte er. Wir fuhren in eine Siedlung mit zehnstöckigen Wohnblocks. Sie waren desolat wie die meisten gemauerten Häuser in dieser Stadt. Die Graffiti an den Eingängen zu den Treppenhäusern hatten die Form verzierter Hakenkreuze. Rasch kam er zurück, und wir brachen auf.

Er war klein und zerbrechlich. Wie ein Vogel oder ein Kind. Aber gut über sechzig, und unlängst hatte er seine Frau verloren. Er trug eine große, altmodische Brille mit getönten Gläsern, aber die Trauer in seinen Augen war trotzdem zu sehen. Auch das Auto hatte etwas Melancholisches. Grau, mindestens zwanzig Jahre alt, sowjetisch. Im Innern roch es nach billigem Benzin und Abgasen. Aber als wir in Fahrt gekommen waren und der Wind durch die offenen Fenster wehte, verschwanden die Gerüche. Das große Lenkrad aus schwarzem Ebonit ließ seine Gestalt noch zierlicher erscheinen. Er erinnerte an einen Jungen, der den Erwachsenen ein Auto geklaut hat, um eine illegale Spritztour zu machen. Er fuhr in blauen Gummischlappen, und ich fragte mich, wie er an die Pedale kam.

Ulan Bator ist furchtbar. Jeden Tag schaue ich im Internet, wie das Wetter dort ist. Heute ist es bedeckt, und es hat nur minus zwanzig Grad. Meistens ist es kälter: minus fünfundzwanzig, siebenundzwanzig, dreißig Grad. Ich stelle mir vor, wie um drei oder vier die Dämmerung anbricht und die Stadt in Dunkelheit versinkt. Es

gibt fast keine Lampen. Da leuchten die Schaufenster,
ein bisschen Reklame und die Autoscheinwerfer. Ein
im Frost erstarrtes Lager aus Beton mitten in der Steppe.
Aus den Slums der Jurten steigt Kohlenrauch auf. Die
Zeltplanen sind schwarz von Ruß. Im Übrigen muss
die ganze Stadt schwarz sein, denn es wird nur mit Koh-
le geheizt. Die hässlichste und kälteste Hauptstadt der
Welt, sagt man über Ulan Bator.

Deshalb hat der Aufbruch aus dieser Stadt etwas von
einer mystischen Reise: als wären wir auf die andere
Seite des Spiegels gelangt, als hätten wir die Fatalität der
condition humaine mit ihrem verzweifelten Imperativ der
Entwicklung und der Modernisierung hinter uns gelas-
sen. Denn plötzlich ist alles zu Ende. Vororte gibt es
gewissermaßen nicht, schließlich sieht ganz Ulan Bator
wie ein Vorort aus. Die Steppe erscheint, und der Himmel wächst spurlos mit der Erde zusammen. Die Straße
verschwindet am Horizont. Bald verschwindet auch der
Asphalt, verschlungene Pfade führen durch die grasige
Hochebene. Sie kreuzen sich, verflechten und entflech-
ten sich auf der Suche nach den günstigsten Übergän-
gen. Man fährt den ganzen Tag unter dem ungetrübten
Himmelsgewölbe, wo Adler und Geier kreisen. Der
Blick erfährt eine Linderung, wie er sie nie zuvor erlebt
hat. Bevor die Dämmerung anbricht, muss ein Lager-
platz gefunden werden. Dutzende von Quadratkilome-
tern, Hunderte von Orten, völlige Freiheit: da, unter
dem Felsen. Nein, in der Flussbiegung dort. Vielleicht
dort, hinter dem Bergrücken, der den Wind abhält.
Oder vielleicht auf dem Hügel, damit man endlos
schauen kann. In der Regel endete es am Fluss, damit

wir Wasser und ein bisschen Holz für das Feuer hatten.
Bäume gibt es nicht, man ist auf die Gnade der Strömung angewiesen, die hin und wieder etwas heranträgt
und ans Ufer wirft.

Ich schaute ihm gerne zu, wenn wir nachts Halt machten. Er stieg aus dem Auto und ging in die Steppe. Er
ging einfach vor sich hin, dem Raum entgegen, der
Unendlichkeit entgegen, aus der einst berittene Krieger
aufgetaucht sind, um die halbe Welt zu unterwerfen.
Mit seinen blauen Plastikschlappen stieg er auf einen
Hügel oder eine Düne, und seine Gestalt verwandelte
sich in einen schwarzen Umriss, der sich gegen den roten Himmel abhob. Wenn er zurückkam, war er glücklich. Auf der nackten Erde legte er sich rücklings hin
und breitete die Arme aus. Er schaute ins Feuer und
lächelte. Wenn er auf den Blick eines von uns, eines der
dahergelaufenen Weißen traf, lächelte er noch mehr. Er
kannte zwanzig russische Wörter. Nach drei Tagen stellte sich heraus, dass das reichte, um mit uns zweitausend
Kilometer durch Steppe und Wüste zu fahren. Der uralte UAZ ging mindestens einmal am Tag kaputt. Ich hatte früher einmal einen UAZ, und so half ich mit dop-
pelter Freude dabei, den Vergaser und die Treibstoff-
pumpe auseinanderzunehmen, um die geheimnisvolle
Störung zu finden, die dem Auto die Kraft raubte. Dann
bauten wir alles wieder zusammen, und der Motor lief
– wie immer bei diesem Modell – zu seiner alten Form
auf. Am Himmel kreisten Geier, und der Schatten ihrer
Flügel war der einzige Schatten, soweit das Auge reichte.
Eines Abends in der Gobi seufzte er und sagte mit-

hilfe seiner zwanzig Wörter, wenn es uns gelänge, auf
das versteinerte Ei eines Dinosauriers zu stoßen, könnte
er sich endlich ein neueres Auto kaufen.

An der chinesischen Grenze verabschiedeten wir uns.
Wir umarmten uns. Ich spürte, dass er unter dem blauen
Hemd wirklich zart und zerbrechlich wie ein Vogel war.

Heute, da ich diesen Text abschließe, soll es in Ulan
Bator in der Nacht minus vierunddreißig Grad geben.
Deshalb denke ich an ihn. Daran, wie er in dem düsteren Wohnblock ans Fenster tritt, wie er über die schmutzigen Lichter der Stadt, über dieses Lager aus Beton in
die Ferne schaut, in die Unendlichkeit seines Landes, in
den Raum, der ein Reitervolk hervorgebracht hat, das
einst die halbe Welt beherrschte.

Ach ja, wir nannten ihn »Herrn Gamba« – obwohl
wir nicht so recht wussten, ob es der Vorname oder der
Nachname war und ob wir es überhaupt richtig aussprachen.

Und wieder ist es März. Wieder fließt der Schnee, wieder weht ein nasser Wind, und die Seele ist von einem Gefühl der Vergeblichkeit erfüllt. Unter dem Weißen, Runden kommt das Graue, Verfaulte hervor, ringsum nur der monotone Horror der Natur, aus dem keine Lehre zu ziehen ist außer der, dass wir mit unserer linearen und progressiven Vision der Existenz nicht die Krone der Schöpfung, sondern eine traurige Abweichung darstellen. An solchen Tagen sind ein paar Jahrtausende jüdisch-christlicher Tradition kaum der Lektüre des *Cosmopolitan* gewachsen, und Gary Glitter im slowakischen Radio Rebeka lässt uns das Arkadien der Kindheit als kurzlebige humoristische Episode erscheinen. Das ist die unendliche Melancholie der gemäßigten Zone. Es ist der mitteleuropäische Trübsinn der vier Jahreszeiten, wo Kälte sich immer wieder in Wärme verwandelt, Nässe in Trockenheit, wo klarer Himmel sich bewölkt und umgekehrt, bis wir sterben, ohne jegliche Hoffnung auf Veränderung. Es ist die Traurigkeit der Slawen, wo das, was beginnt, gleich wieder aufhört oder sich in sein Gegenteil verwandelt und nichts Endgültiges endgültig ist.

Vor den KFZ-Werkstätten stehen Schlangen von Autos, weil alle die Winterreifen gegen Sommerreifen austauschen wollen. Zwei Tage später verschwindet die Sonne, es friert und schneit, und diejenigen, die es so eilig hatten, landen im Graben, fahren an der Kreuzung dem Vordermann in den Hintern oder in die Straßenlaterne und fluchen, verfluchen das sogenannte gemäßig-

te Klima, das in Wirklichkeit ein unberechenbares Klima ist, ein schizophrenes und verfluchtes Klima. Eigentlich könnte man alle Niederlagen dieses Teils unseres
Kontinents auf das Klima schieben.

Schöne Frauen legen zu früh die dicken Mäntel,
warmen Strümpfe, Schals, Mützen ab, all die Elemente
der Kleidung, die das Weibliche schmälern sollen, sie
erkälten sich und sterben an Lungenentzündung. Die
Männer bleiben mit ihrer Trauer zurück und trinken,
betrinken sich besinnungslos mit klarem Wodka, um
nicht zusammenzubrechen und nicht zu erfrieren.

Oder auch umgekehrt: Wir gehen aus dem Haus,
eingemummt wie für eine Reise nach Sibirien, und im
Laufe des Tages wird es warm, der Schweiß bricht uns
aus und die Kräfte verlassen uns. Ach, schlimmer – die
Lust zu arbeiten verlässt uns. Wir legen unsere Kleider
ab, machen es uns irgendwo in der Sonne bequem und
werden träge wie die Katzen. Wir, die Mitteleuropäer,
Opfer des gemäßigten Klimas. Und in der Sonne liegend,
bekommen wir irgendwelche schrecklichen Krank-
heiten, denn die Sonne scheint zwar, unbestritten, aber
die Erde ist noch einen Meter tief gefroren.

Ja. Mitte März in Mitteleuropa, das ist Potenz ohne
Form, Strom ohne Leiter und Kost ohne Logis. Auf den
Flüssen schwimmt, was am Ufer liegen sollte, wo tro-
ckenes Land sein sollte, steht das Wasser. »Bei Basia«, der
Kneipe am Ort, sitzen Typen und rauchen, ohne etwas
zu trinken, denn der Durst hat sie verlassen. Hühner
scharren im Schnee. Man braucht nichts zu waschen,
weil es sowieso gleich wieder dreckig wird. Wo man
hintritt, weicht die Erde unter den Füßen, wo man hin-

sieht, verdeckt der Nebel die Sicht, was man anfasst, entgleitet, weil es glitschig ist.

Vor drei Tagen waren plus fünfzehn Grad, heute sind es minus sieben. Wir sollten einen Behinderten-Bonus bekommen, wir sollten teilweise von den Steuern befreit werden oder jemand sollte Sanatorien für uns stiften. Was für eine Vorstellung von unserem Leben kann ein Italiener haben, über dessen Heimat die Sonne nie untergeht? Oder ein Engländer, der vom Tag seiner Geburt an bis ins Grab durchnässt wird? Oder ein Schwede, der auf ewig in Schnee und Eis gefangen ist? Was können sie von Luftdruck- und Stimmungsschwankungen wissen? Wenn sie sich schlafen legen, wissen sie schon, bei welchem Wetter sie erwachen werden. Wir indessen leben wie auf dem Vulkan. Vor allem jetzt im März, da wir am Rand unserer physischen und geistigen Kräfte sind. Alle Bewohner östlich der Elbe sollten Prozac bekommen. Wir waren nie Christen oder Monotheisten, nicht einmal Agnostiker. Bis heute sind wir Sonnenanbeter, wir sind Heiden, und wenn uns wirklich etwas beherrscht, dann sind es die Wetteränderungen. Die Hoch- und Tiefdruckgebiete.

Um zu überleben, sollten wir unsere Gegend verlassen und uns auf die Suche nach dem meteorologisch gelobten Land machen. Leider sind alle anständigen Länder schon besetzt. Deshalb bleiben wir, wo wir sind, und gehen unseren ausgeglicheneren Nachbarn auf die Nerven. Slawische Hysterie, ungarische Depression und rumänische Paranoia sind unsere Spezialitäten, sie sind unsere Erkennungszeichen, die wir uns patentieren lassen sollten. Mehr noch, wir sollten diese Zustände in

ausgeglichene und gelangweilte Länder exportieren,
wie man Kokain, Heroin und Amphetamin exportiert.

Es ist später Abend. Ich öffne das Fenster und höre unten das Rauschen des Flusses. Der Schnee schmilzt, das Wasser ist stark gestiegen. So ist es jedes Frühjahr. Die weiße Landschaft, an die ich mich während der Wintermonate gewöhnt habe, wird von der Erdoberfläche abgestreift wie ein Handschuh. Und nie kann ich sicher sein, ob dieses Jahr noch etwas darunter sein wird.

Wie besessen schaue ich mir Filme an. Meistens alte. Die neuen Filme sehe ich mir einmal an und lege sie dann weg, damit sie alt werden. Die Zeit wird entscheiden, ob ich zu ihnen zurückkehre. Die Zeit entscheidet schließlich alles. Von den alten, die ich mir ständig anschaue, besitze ich an die zwanzig. Manche habe ich Dutzende Male gesehen. Einer davon ist *Kalina krasnaja* (Roter Holunder) von Schukschin aus dem Jahr 1974. Wassili Schukschin hat das Drehbuch geschrieben, Regie geführt und die Hauptrolle gespielt. Ein oder zwei Jahre nach Fertigstellung des Films ist er gestorben. Angeblich war er herzkrank. 1975 war ich fünfzehn, und im Einklang mit dem damaligen Zeitgeist verachtete ich alles Sowjetische. Ich las zwar schon Dostojewski, aber der kam schließlich aus einem ganz anderen Land. Ich begann Jazz zu hören, und meine geistige Heimat war Amerika.

Den *Roten Holunder* habe ich vor vier Jahren zum ersten Mal gesehen, und ich kam nicht mehr von ihm los. Schon in den ersten Augenblicken werde ich zum Opfer einer seltsamen Obsession. Von der langen Einstellung an, als Jegor Prokudin aus dem Gefängnis auf der Insel kommt und in hohen Stiefeln, in hypnotischem Rhythmus über den Holzsteg an Land geht, um sich mit seinem Schicksal zu messen. Um das klarzustellen: Es gibt hier keine politische Anspielung. Prokudin ist ein gewöhnlicher Krimineller, ein Dieb. In einem Bilderzyklus von ungewöhnlicher Schönheit schreitet er durch eine sowjetische Wirklichkeit, die naiv, mär-

chenhaft und natürlich verlogen erscheint. Seine krimi-
nellen Kumpel, die ihn in der Freiheit erwarten, wirken
wie eine sowjetische Olsenbande, eine Mischung aus
populärer Kinderliteratur und moralischem Lehrstück.
Die Handlung spielt in der UdSSR, und zugleich überall und nirgends. Die schönen nordrussischen Landschaften in der Nähe von Wologda und Belosersk sehen
aus, als wären sie vom Kommunismus unberührt. Die
Überschwemmungsgebiete, die Seen, das grüne Flach-
land erinnern an mythische Landschaften. Einmal, als
Jegor mit einem Tragflügelboot unterwegs ist, taucht für
einen Moment das Bild einer verlassenen, von Wasser
überschwemmten Kirche auf, aber es sieht aus, als kehre
das Gotteshaus in die Tiefe des Elementes zurück, dem
es einst entrissen wurde. Überhaupt hat das Licht in *Ro-*
ter Holunder etwas Übernatürliches. Das dichte, goldene,
schwere Licht des Nordens. Das Licht eines kurzen
Sommers. Das Licht der Ikonen, die einst in den Klös-
tern dort entstanden sind. Vielleicht ist es dieses Licht,
das so faszinierend ist? Ich weiß nicht. Aber sicher musste man den Film in genau dieses »Licht rücken«, um ihn
dem Elend und dem Abgrund jener Zeit zu entreißen.
Damit es ein bisschen wie im Himmel aussieht, damit
der arme Dieb Jegor wenigstens ein bisschen seine Unschuld wiedererlangen kann. Und tatsächlich erlangt er
sie wieder, und es erstaunt uns nicht im Geringsten.

Vor zwei Jahren fuhren wir den berühmten Tschuiski-
Trakt entlang, der von der mongolischen Grenze durch
die Republik Altai und die Region Altai nach Westen
führt. Die Nacht verbrachten wir in Ongudaj, in einer

heruntergekommenen Turbaza, einer Touristenstation am Rande des Dorfes. Am Morgen stiegen wir in einen Bus. Wir hatten etwa dreihundert Kilometer Langsamfahren vor uns. An der nächsten Haltestelle, am anderen Ende der sich hinziehenden Siedlung, stieg ein Junge zu. Er war vielleicht fünfzehn oder sechzehn. Dunkelhäutig, zerlumpt, in Hosen bis zum Knie und blauen Plastikschlappen. Sein Blick war trüb, sein Gang ein bisschen schwankend. Er fand einen Platz. Aus einer vergammelten Umhängetasche holte er eine angebrochene Zweiliterflasche Bier heraus. Er nahm einen großen Schluck, steckte sie wieder weg, legte sich auf die Seite und rollte sich zusammen. Ein armer, grauer, gequälter Spatz. Hinter Tuekta machten wir Halt. Auf einem erdigen kleinen Platz standen ein paar Buden mit Wodka, Bier und buntem Müll. Man konnte eine rauchen und ins Gebüsch gehen. Ich sah die beiden sofort. Wer einmal im Gefängnis gesessen hat, auch wenn es lange her ist und in Polen war, den verlässt der dort erworbene Instinkt nicht mehr, das Wissen bleibt. Die Jahre des Eingesperrtseins standen den beiden ins Gesicht geschrieben, eingraviert. Man sah, dass sie Profis im Sitzen waren: eine scheinbar gleichgültige, aber dennoch provozierende Selbstsicherheit, theatralische Gesten und dabei etwas Tierhaftes, Affenartiges im Gehabe. Ostentativ und wachsam zugleich. Sie schäkerten mit einem Mädchen. In einer Plastiktüte hatten sie ein paar Flaschen Wodka. Wir stiegen ein, der Bus fuhr los, sie pflanzten sich ganz hinten hin. Der Junge in den Plastikschlappen wachte auf; vom Geruch seiner Stammesgenossen geleitet, spitzte er die Ohren, drehte sich um, und schon ging er

verschlafen, halb betrunken, aber lächelnd auf sie zu,
wobei er gegen die Sitze stieß. Wir fuhren, die Landschaft wurde sanfter, die Täler wurden flacher, und die
da hinten wurden immer lauter. Zum ersten Mal im
Leben hörte ich den Mutterfluch sozusagen aus erster
Hand. Es klang fleischig, gurgelnd, heiser. Mit Mühe
konnte ich einzelne russische Wörter unterscheiden,
und sie hörten keinen Moment zu reden auf. Sie unterbrachen wohl nur, um einen Schluck zu nehmen. Bald
rollte eine leere Flasche über den Boden des Busses. Sie
schepperte, kullerte hin und her. Zum ersten Mal im
Leben hörte ich, wie der Ausdruck *na chuj* klingen muss.
Der Akzent lag deutlich auf der ersten Silbe, und es gab
keine Pause, es war *ein* Wort. Mir scheint, dieses Wort
hatte die Fähigkeit, fast alle anderen zu ersetzen. Nach
einer Stunde hatten sie einen psychischen Sieg errungen. Der ganze Bus schwieg. Alle lauschten. Der Fahrer
versuchte, eine Drohung zu formulieren, aber sie gönn-
ten ihm auch nicht eine Sekunde Stille. Die Männer,
jedenfalls die beiden älteren, machten uns, die Passagie-
re, völlig fertig. Eine fünfzigjährige Frau stand auf und
sprach mit entschlossener Stimme zu ihnen. Für einen
Moment waren sie still, aber als sie sich wieder gesetzt
hatte, ging das halb menschliche, halb viehische Geplärr
voller Blut und Biologie weiter. Wir hatten keine Chance. Erst der Alkohol besiegte sie. Über den sandigen Boden rollte eine weitere Flasche. Die Stimmen wurden
leiser, entfernten sich voneinander und erstarben
schließlich. Schlapp lagen sie da, auf dem Rücken. Nur
der Junge rollte sich instinktiv zusammen. Unter den
Sitzen war es nass. Hinter Gorno-Altajsk schnarchten

die zwei mit offenen Mündern. Als wir in Srostki an-
hielten, schliefen die beiden fest und stanken ordentlich.
In Srostki wurde Wassili Schukschin geboren.

Wir werden immer wieder alte Leichen ausgraben. Vielfach gepeinigte sterbliche Überreste. Zuerst, kurz vor dem Ende, lähmte sie die Todesfurcht. Dann wurden sie zerrissen, verbrannt und auf unbekannter, kalter Erde verstreut. Danach kamen Fremde und sammelten sie in Säcken, um sie in dunklen, kühlen Fahrzeugen Hunderte von Kilometern nach Osten zu transportieren. Nach Osten, wo immer schon das Grauen gewohnt hat. Später legten wieder Fremde die Leichen und Leichenteile auf steinerne Tische, um zu schauen, was zueinander passte, um Fasern und Fetzen zu entnehmen und sie in eisigem Blitzlicht zu fotografieren. Man öffnete sie (als gäbe es nicht genug Wunden) mit Hilfe von Skalpellen und nähte sie mit Nadeln wieder zu, wenn man sich den Inhalt angesehen hatte. Danach verschloss man die Leichen und Leichenteile im eisigen Dunkel der Kühlhäuser, in penibler Ordnung, mit Beschriftung. Dann nahm man sie noch einmal heraus, um sie anzukleiden – die weiblichen in Frauenkleidung, die männlichen in Männerkleidung. Auch die Leichenteile, man steckte sie – hoffentlich sanft – in die Ärmel und Hosenbeine. Schließlich verstaute man sie in hermetisch verschließbaren Metallkästen, und die Metallkästen legte man dann in Holzsärge, und es schien, bald würden sie in Frieden ruhen. Nur noch der Weg zum Flughafen, die Verladung, anderthalb Stunden Flug und sie würden zu Hause sein. Nur noch die Landung, die Begrüßung, der Weg durch die Kirchen und Friedhöfe und schließlich die endgültige Kälte des Grabes. Und jetzt nur noch »Ewige Ruhe schenke ihm, o Herr! Und das ewige Licht leuchte ihm!«

Und doch lassen wir sie nicht in Ruhe. Wir graben sie aus und werden die Nächsten ausgraben. Und das durchaus nicht in der Stille des Friedhofs, in der Intimität des Todes, sondern vor den Augen der ganzen Nation. Unter Transparenten. Damit alle wissen, wie man zweieinhalb Jahre alte Leichen ausgräbt. In Gummihandschuhen, mit Gesichtsmasken, um sie wieder auf steinernen Tischen auszubreiten. Damit das Volk erfahren kann, was nach mehr als zwei Jahren von einer Leiche in einem Metallkasten übrigbleibt. Das ist unser Brauch, und wir müssen an ihm teilnehmen. Noch nie hat jemand etwas von ähnlicher Kraft erfunden. Was ist – im Vergleich zur Ausgrabung – die Messe, bei der wir ein Stück des Leibes des Herrn erhalten, das ohne Geschmack und Geruch spurlos im Mund zergeht? Was ist die Erzählung von der Auferstehung im Vergleich dazu, dass wir bis zu unserem eigenen Tod mit unseren Toten zusammen sein können? So wie unsere Nachkommen unsere Leichen in ihrer Nähe haben werden. Indem wir unsere Toten in unser Leben integrieren, schenken wir ihnen die durch den zyklischen Brauch der Ausgrabung bestätigte Unsterblichkeit.

Wir alle sollten »die Tür zur Kapelle schließen, uns um den Sarg stellen, ohne Lampe, ohne Kerze, und an den Fenstern Grabtücher aufhängen«. Und dann, eine nach der anderen, die einzelnen Schichten unserer Vergangenheit hervorholen, an die Oberfläche bringen, wieder graben und wieder exhumieren, um einen handgreiflichen Beweis zu haben, dass wir von Generation zu

Generation existieren, ohne etwas von unserer Substanz
oder unserer Identität zu verlieren. Immer tiefer ein-
dringen, mit Masken, mit Gummihandschuhen. Bis auf
den Grund unserer Geschichte, bis in die unbewohnten
Schichten des Bodens. Glauben wir doch nicht an die
Auferstehung, also bleibt nur die Vergangenheit als unsere Ewigkeit. Im Gegensatz zu der versprochenen Ewigkeit können wir diese anfassen. Wir können sie an die
Oberfläche holen, ans Licht, und dann wieder für einige
Zeit vergraben, damit die Luft und das Licht ihr nicht
schaden. Und so ohne Ende, solange wir leben.

All das wäre eines großen Dramas würdig, auf einer
großen nationalen Bühne. Das meine ich nicht spöttisch.
Ich sehe einfach, wie Gestalten aus der Erde auferstehen
und wie Lebende die Hände nach ihnen ausstrecken.
Ich sehe, wie sie sich in der Umarmung verflechten: die
einen, um noch ein wenig zu leben, die anderen, um
noch nicht zu sterben, alle zusammen, um als Volk, als
Gemeinschaft, nicht unterzugehen im Abgrund der
Welt, die sie weder braucht noch versteht. Aber damit
das Drama groß wird, muss es sich aus der Tragödie
speisen, also tritt das blinde Schicksal oder auch der Zufall auf den Plan. Die Körper vermengen sich, orientie-
rungslos, unsicher suchen sie ihre Angehörigen, und die
Angehörigen erkennen sie nicht. Die verstoßenen Toten und die betrogenen Lebenden irren im Nebel umher. Werden sie imstande sein, die Einsamkeit zu über-
winden und die verlorenen Überreste zu beweinen, ohne Rücksicht auf deren Zugehörigkeit, oder werden sie
in der Einsamkeit ihres Stammesdenkens gefangen bleiben und bis ans Ende der Geschichte umherirren, auf
der Suche nach den Ihren?

Jetzt sieht man das Land am besten. Der Frühling beginnt. Die Tage werden länger und heller. Es gibt noch keine Blätter an den Bäumen, nichts verdeckt den Blick. Nacktes Land. Wenn der Frühling anfängt, sieht man seinen Heroismus und sein Drama. Es verwandelt sich, wirft die Haut ab. Bisweilen ist es hässlich wie ein Skelett. All die Reklame an den Straßen, die Plakatwände, die riesigen farbigen Tafeln, die billige Waren anpreisen, monströse Fotografien von Fleisch: »Schweinebug 9,90«, »Landwurst 16,90«, »Hühnerbrust …«. Eine Flechte greller Farben überzieht die Mauern, verdeckt die Bäume, den Himmel, die Landschaft. All diese Ermunterungen – egal, ob sie Fleisch, Kleidung, Telefon oder Sprachunterricht betreffen – sehen gleichermaßen pornografisch aus, gleichermaßen aufdringlich. Sie sollen uns von unserer Vergangenheit abschotten, für die wir uns schämen, die wir vergessen wollen, weil wir früher arm waren und fast nichts besaßen. Die Abschottung ist oft gar nicht metaphorisch, sondern ganz konkret. Farbige Plastikplanen hängen an zerfallenden Gebäuden, an ländlichen Holzhäusern, die bald nicht mehr existieren werden. Man muss nur ein Stück von der Hauptstraße abfahren, ein wenig tiefer hinein, um zu sehen, dass Häuser, Landschaften, ganze Orte auf dem Weg sind, sich in die Vergangenheit zu verabschieden. Was noch vor zwanzig Jahren lebendig war, was den wahren, den wahrsten Charakter dieses Landes ausmachte, stirbt schlicht und einfach. Aus den Dörfern verschwinden die Tiere. Man fährt und sieht keine Kühe, keine Pferde

und keine Hühner mehr. Manchmal bekommt man
noch einen Hund zu sehen. Immer häufiger ist es ein
Husky bei einem Spaziergang mit seinem Herrchen.
Holzhäuser, die ihre einfache, schöne Form über Jahrhunderte retten konnten, zerfallen unter dem eigenen
Gewicht. An ihrer Stelle entstehen Traumgebäude wie
aus einem Film über eine weite Reise. Ein wenig
deutsch, ein wenig österreichisch, ein wenig italienisch
und ein wenig amerikanisch. Je nachdem, in welchem
Land der Besitzer auf dem Feld, auf dem Bau oder im
Restaurant gearbeitet hat. Diese Häuser oder auch Ka-
rikaturen einer Residenz stehen zwischen sonderbar
zurechtgestutzten Sträuchern, inmitten von Gärten, die
aussehen wie ein Miniatur-Versailles. Dort, wo unlängst
noch Kühe geweidet und Schweine gewühlt haben,
sind jetzt nach englischem Muster gepflegte Rasen. Die
Eigentümer bauen kein Getreide und keine Kartoffeln
mehr an, sondern schieben regelmäßig, Woche für Woche, im Schweiße ihres Angesichts elektrische und Ben-
zin-Rasenmäher. Man könnte sagen, all das ist hässlich,
entwurzelt und sinnlos. Das ist es sicher auch. Doch zugleich kann man in dieser grotesk postmodernen Landschaft eine Art Größe sehen: Die mental Enterbten suchen hartnäckig nach einer Identität. Sie bauen sie aus
dem, was ringsum zu finden ist, aus dem, was die Zivilisation des Ersatzes, der Fälschung und der Kopie ihnen
anbietet. Sie nehmen es und halten es – frei von Zweifel
und von Zerrissenheit – für das eigene. Nicht ausgeschlossen, dass sie auf das, was kommen wird, gut vorbe-
reitet sind und etwas wie geistige Obdachlosigkeit nie
erfahren werden. Die Welt gehört ihnen. Ja, man braucht

nur ein bisschen abseits zu fahren und zu schauen, wie das Land die Haut wechselt. Letzten Sonntag habe ich das getan. Im Südosten, im Tal des Flusses Wisłok, zwischen Brzozów und Sanok. Es war sonnig. In jedem größeren Dorf spielten die Jungs in Sportsachen Fußball auf Bolzplätzen, die schon grünten. Sie fluchten, was das Zeug hält, waren wild und glücklich. Auf den Trikots hatten sie die Namen ihrer einheimischen Klubs: *Tajfun* (Taifun), *Huragan* (Hurrikan), *Płomień* (Flamme), *Naprzód* (Vorwärts)! Rings um den Rasen parkten ihre Autos: zehn oder fünfzehn Jahre alte Volkswagen und Opel aus Deutschland. Geduldig warteten sie auf ihre Herren, um bei Einbruch der Dämmerung mit quietschenden Freundinnen auf dem Rücksitz und mit rauchenden Reifen loszufahren. Von oben, aus der Ferne, sahen diese Bilder aus wie ein zeitgenössischer Brueghel. Sie waren ein bisschen gefälscht, ein bisschen nachgemacht, irgendwo gestohlen, aber da war ungezügeltes Leben drin.

Dann machte ich mich auf den Weg zum Fluss. Er floss unten in einem breiten Tal. Aber es war schon dunkel, ich konnte das Wasser nicht sehen. Die Einheimischen verbrannten nach einem alten, barbarischen Brauch das trockene Gras. Rotgoldene Flammen erfüllten das Tal. Es roch nach Rauch. Dieses Bild und der Geruch wirkten wie Zeichen aus der Tiefe der Zeit, aus der fernsten Steppe.

Kirgistan verlässt man über den Roten Pass, den Kyzyl Art, dort ist ein Posten der tadschikischen Grenzer. Sie sitzen, viertausend Meter hoch, in Blechcontainern ohne Wasser und Strom. In einem davon stand ein Schreibtisch, ein Stuhl und gleich hinter dem Stuhl zwei doppelstöckige Pritschen, auf denen halbnackte Männer lagen. Das Zollamt. Der bärtige Typ hinter dem Schreibtisch gab mir die Hand, sprach mich freundschaftlich an und übertrug die Daten aus den Pässen in ein kariertes Heft.

Über diesem Lager aus Blech weht ein kalter Wind. Die Armee trägt Plastikschlappen und Zivilkleidung. Doch auf dem Kopf haben die Männer anmutige Wollkäppchen in Tarnmuster.

Auf der anderen Seite rutscht langsam das ganze Grün von den Bergen. Sie werden schütter und gelblich. Über Dutzende von Kilometern sind wir die Einzigen auf der Kiesstraße. Nur sie und der Zaun zur Linken lassen die Landschaft ein wenig menschlich wirken. Ohne diese Straße wäre sie vollkommen archaisch. Aus einer Zeit, da der Schöpfer über die Idee von Pflanzen oder überhaupt belebter Natur gerade erst nachdachte.

Der Zaun dagegen ist Teil der längsten von menschlicher Hand geschaffenen Konstruktion der Welt. In ihrer Blütezeit zog sie sich ohne Lücke von der Ostsee bis zum Pazifik. Hier im ultratrockenen Pamir hat der Zaun Jahrzehnte überdauert. Ich konnte den Blick nicht abwenden. Bisweilen verlief er schnurgerade wie die legendäre Stalin-Linie auf der Landkarte; das war er in

Wirklichkeit auch. Die Berge türmten sich auf wie Wellen und flachten wieder ab, doch der Zaun – wie ein Produkt der darstellenden Geometrie – scherte sich nicht darum. Er war wie die reine Idee, die das Chaos der Natur durchschneidet. Er bestand aus mehr als zehn Schichten Stacheldraht, die an zweieinhalb Meter hohe Holzpfosten gespannt waren. Je näher der Erde, desto kleiner waren die Abstände zwischen den Drähten. Zur Sicherheit hatte man einen Meter über der Erde noch zwei quer verlaufende Drähte hinzugefügt, die durch einen niedrigeren Pfosten verstärkt wurden. Oben hatte man an den Querlatten, die den höheren Pfosten die Form des Buchstabens »T« verliehen, zusätzliche, einer Plattform ähnliche Drähte beziehungsweise eine Art Dach über dem eigentlichen Zaun befestigt. Die Pfosten selbst waren aus rohen Baumstämmen mit deutlich sichtbaren Astansätzen. Jedenfalls sah man, dass es sich um Nadelholz handelte.

Ich beschreibe das so genau, weil der Kontrast zwischen der Ursprünglichkeit der Pamirlandschaft und der gnadenlosen Regelmäßigkeit der Konstruktion wichtig ist: Pfosten für Pfosten, Joch für Joch, Linie für Linie, Nagel für Nagel, Geflecht für Geflecht ... Wir fuhren etwa zweihundert Kilometer an dieser materialisierten Abstraktion entlang. Auf der linken Seite war China immer noch gefährlich nahe. Dann verschwand der Zaun tiefer in den Bergen, und das war das Zeichen, dass auch China sich etwas entfernte.

Ich beschreibe das so genau, weil ich noch nirgendwo die so vollkommene Verkörperung einer Idee gefunden habe. Die von der Hand eines Diktators auf die

Karte gezeichnete Linie ist zu einer physischen Linie
geworden, die im übertragenen und im ganz wörtlichen
Sinn die Landschaft durchschneidet. Nicht nur die
Menschen, sondern auch die Tiere dieser wilden Gegend konnten sich im Pamirgebirge nicht frei bewegen.
Weder das Argali, das Marco-Polo-Schaf, noch der Irbis,
das heißt, der Schneeleopard. Jetzt können sie es schon
eher, denn nach dem Zerfall der UdSSR kümmerte sich
niemand mehr um das »System«. Alle paar Kilometer
gab es ein Loch im Stacheldraht.

Die von Herrschern und Tyrannen hinterlassenen Werke sind immer kümmerlicher geworden. Die Große
Mauer kann man angeblich vom All aus sehen. Tschin-
gis-Khan hat die Erinnerung an einen beweglichen
Staat hinterlassen, dessen fließende Grenzen eher einem
Element als einer Frucht der Politik glichen. Tamerlan
schüttete Türme aus menschlichen Schädeln auf, aber er
schonte die Massen von Handwerkern, Steinmetzen,
Maurern, Baumeistern und Malern, damit die Städte,
die sie bauen mussten, aussahen wie ein Traum oder eine über der Wüste Karakum zitternde Fata Morgana.
    Und hier lediglich Stäbe, zu einem Kreuz gefügt, ein
paar Nägel und verrosteter Stacheldraht, der sich bis
zum Horizont zieht. Eine periphere Erscheinung, eine
Abzäunung für Vieh, verstärkt, vervielfacht wie eine
höhnische Spielart der Unendlichkeit. Von der Ostsee
bis zum Pazifik. Ein Imperium, umgeben von einem
Dorfzaun. Ich konnte mich von dem Anblick nicht losreißen. Der Zaun verlief durch den roten, eisenhaltigen
Sandboden und durch grünliches Geröll, das irgendwel-

che Kupferverbindungen enthielt. Als würde man den Mars umzäunen, als würde man den Kosmos mit Paranoia anstecken.

Und dann erreichten wir den Karakul, einen See auf viertausend Metern Höhe. Groß und salzig. Und unendlich schön. Aus dem türkisblauen Wasser stiegen verschneite Berge auf. In dem gleichnamigen Dorf lebten ein paar hundert Menschen. Kein einziges Boot war zu sehen. In dem See gab es keine Fische. Zwei Männer wässerten die Haut eines Yaks, um ein Geschirr daraus zu machen. Aus der Erde, zwischen den trockenen Gräsern, trat Salz aus. Es gab weder Sträucher noch Bäume. Man kann sagen, in Karakul gab es nichts. Nur diesen Zaun, der etwas nach Osten auswich, um Platz zu machen für das Wachhäuschen der Grenzposten. Ein Soldat mit schmutzigem Aluminiumkessel und gelbem Plastikkanister kam heraus. Ein zweiter trug eine Handsäge. Wir fuhren weiter.

Ich sitze in meinem Zimmer und stelle mir Süditalien vor. Ich schaue auf das grüne Tal, auf die schattigen Fichten- und Buchenwälder, das wogende Gras, die Holzhäuser in meinem Dorf und stelle mir Süditalien vor, Kalabrien und Basilikata. Dort gewesen bin ich nie. In zwei Wochen werde ich mich in Warschau ins Flugzeug setzen und über Rom nach Brindisi fliegen. Von Brindisi fahre ich mit der Fähre nach Durrës in Albanien, um eine Woche im Norden dieses Landes zu verbringen, in der Nähe der Grenze zum Kosovo. Aber auf dem Rückweg werde ich auch eine Woche in Kalabrien sein.

Immer wenn ich nach Italien fahren wollte, dachte ich an den entferntesten Teil der Halbinsel. Nie an Rom, Venedig, Florenz oder Mailand. Selbst Neapel lag mir zu nahe. Immer stellte ich mir den Süden vor, weil dort der Kontinent, weil dort Europa endet. Ich stellte mir vor, wie das Meerwasser und die Sonnenglut die Erde anfressen und sie den Menschen wegnehmen. Die Apennin-Halbinsel sieht auf der Karte wie ein archaischer Knochen aus, wie das Skelettfragment eines Urtiers. Wahrscheinlich habe ich mir deshalb den Süden immer als etwas sehr Altes, Archaisches und vom Vergehen der Zeit Gequältes vorgestellt. Weiße Steine, gnadenloses Licht und Schatten, schwarz wie Ruß – so sehe ich den Süden. Und der reglose Blick der alten Frauen, die vor ihren Häusern sitzen. Sie machen den Eindruck, als hätten sie die ganze Vergangenheit gesehen und kennten die Zukunft. Die Männer unterscheiden sich vielleicht, aber die alten Frauen sind überall gleich. Hier in Polen, in der Slowakei, in Ungarn, auf dem Balkan. Sie sitzen da, in ihren schwarzen Witwenkleidern und Kopftüchern und blicken durch die Zeit hindurch. Genauso muss es auch in der Gegend von – sagen wir – Savelli oder Longobucco sein. Da bin ich mir sicher, aber ich werde hinfahren, um es mit eigenen Augen zu sehen. Ich werde hinfahren, um zu überprüfen, ob die kalabrischen Omas den Omas aus dem Dorf gleichen, in dem ich wohne.

Ich werde mit wenig Gepäck fahren und die Ferienorte am Meer meiden wie der Teufel das Weihwasser. Die Strände erinnern im Sommer an die mittelalterliche Vision der Hölle. Ich werde fünfzig italienische Wörter lernen und schauen, wie es sich in dieser Gegend per Anhalter fährt. Mit einem leichten Schlafsack werde ich hier und da unter freiem Himmel schlafen und das Geld fürs Hotel sparen. Natürlich werde ich mich vor der Vogelspinne fürchten, aber der Wein wird diese Angst lindern. In Städten und Dörfern werde ich Schatten suchen. Ich weiß, dass man auf dem Marktplatz eines gottverlassenen Städtchens den ganzen Tag verbringen kann, indem man sich mit der Sonne bewegt, und das ist manchmal großartiger und wichtiger als alle Museen von Rom und Florenz. Nach einer oder zwei Stunden gewöhnen die Leute sich an die Anwesenheit eines Fremden, und du kannst behutsam in ihr Leben eintreten, fast als wärst du unsichtbar. Eigentlich sehen sie dich, aber sie sind bemüht, sich zu verhalten wie immer, weil der Stolz es ihnen nicht erlaubt, wegen eines Dahergelaufenen irgendetwas anders zu machen.

Ja, auf dem Marktplatz eines unbekannten Städtchens oder Dorfs in einem fremden Land zu sitzen, ist wie das Lesen eines schönen Buchs. Ein wenig verstehst du, aber den Rest musst du dir vorstellen. Die Leute führen die gleichen Gesten aus wie bei dir zu Hause, aber ihre Bedeutung ist nicht restlos klar. Nur die Tiere, Katzen und Hunde verhalten sich wie überall; sie reagieren eher auf den Körpergeruch oder die Wärme der Stimme als auf Aussehen und Worte.

So ist mein naiver Plan. Ich betrachte die Karte von Europa und sehe lediglich seine Grenzen, die Orte, von denen aus man nur umkehren kann. Ja, ich sollte »Paris« denken, aber ich denke »Lissabon«. Ich sollte »Venedig« denken, aber ich denke »Donaudelta«. Eben dort spürte ich eines Sommers, wie der Kontinent im Meer versinkt und sich geschlagen gibt, dort in Sulina, der letzten Stadt Europas, spürte ich die mit Freude gemischte Trauer, dass ich am Ende angelangt war, am Rande dieser historisch-geographisch-ideologischen Abstraktion, die dort äußerst real ist: rostende Barken und Schiffe, in sandigen Dünen verscharrt, ein Friedhof mit Matrosennamen aus der ganzen Welt von vor hundert Jahren, die tristen Militäranlagen und die schwarzen Gitter der Radargeräte, die nach einer Invasion Ausschau halten, herrenlose Hunde und Sümpfe, die sich über Zehntausende von Hektar erstrecken. Stellt euch eine europäische Stadt vor, zu der man nur übers Wasser gelangen kann. Eine Stadt an der Mündung eines der größten unserer Flüsse. Achtzig Kilometer mit dem Boot, der Fähre, dem Tragflügelboot, weil es anders nicht geht.

Ich habe nichts gegen das Zentrum, aber die Peripherie zieht mich mehr an. Schon jetzt wird die Mitte des Kontinents immer stärker vereinheitlicht. Die Metropolen unterscheiden sich kaum noch. Bald wird man sie nur an ihren hoch geschätzten, toten Sehenswürdigkeiten erkennen können. Wenn man diese Sehenswürdigkeiten überhaupt noch wahrnehmen kann unter der grellen Schicht der Gegenwart: die gleichen Namen der Hotelketten, die gleiche Werbung, die gleichen Bankautomaten, Biersorten, Parkuhren, die gleiche Anordnung der Regale in den Supermärkten, das gleiche Repertoire in den Kinos.

Ich denke, bald werden wir eher in die Peripherien reisen, an die Grenzen des Kontinents, in die Gegenden, wo alte Frauen mit Kopftüchern sitzen. Natürlich – und zum Glück – werden nicht alle das tun. Nur diejenigen, die die Vergangenheit nicht als Anachronismus und Aberglaube interessiert, sondern als Ort der eigenen Herkunft.

Immer wenn ich das Gejammer höre, dass es keinen polnischen Roman gebe, der unserer Zeit und unseren Möglichkeiten gerecht würde, kommt mir die Straße Nr. 816 in den Sinn. Von Süden aus betrachtet, beginnt sie in Zosin und endet in Terespol. Eine schöne Straße. Du fährst, und kilometerweit kommt dir kein Auto entgegen. Felder, Wäldchen, Rehe auf der Weide. Bisweilen taucht eine zerstörte orthodoxe Kirche auf. Zur Rechten begleitet dich der Bug. Mal ferner, mal näher, aber er ist immer da hinter einer Baumreihe, wälzt sein grünliches Wasser zwischen den Binsen. Das ist Polen »B« oder sogar »C«, unauffällig, ohne das Feuerwerk der Postmoderne. Provinz. An manchen Orten immer noch aus Holz und Stroh. Dennoch sind sowohl die Straße als auch die Umgebung symbolisch für die welthaltige Prosa, nach der wir uns so sehr sehnen. Wenn wir von Süden kommen (und in Gedanken die 816 ein wenig in diese Richtung sowie auch nach Norden verlängern), fahren wir links nacheinander an Bełżec, Sobibór und Treblinka vorbei. Zur Rechten dagegen haben wir die frühere Grenze zur Sowjetunion.

Sowohl die Todesfabriken als auch der Kommunismus waren zweifellos Ereignisse von globalem Ausmaß. Die Verbrennung menschlicher Körper in Öfen und der Versuch, einen neuen Menschen zu züchten, gingen uns jedoch kaum etwas an. Weder das eine noch das andere Experiment war »unsere« Sache. Sie erreichten uns von außen. Wir waren eher Zeugen als Teilnehmer. Für uns mag das besser sein, doch für die Erzählung nicht unbedingt. Die Straße Nr. 816, malerisch, abgeschieden, mit ihren Reizen aus Holz und Stroh, symbolisiert in gewisser Weise mein Land. Die 816 ist wie ein Spalt zwischen den tektonischen Platten der Geschichte. Wir nehmen nicht teil, wir horchen nur. Um uns herum geschehen große, schreckliche Dinge, aber keines von ihnen geht uns etwas an. Schließlich gehörten weder die Juden zu uns noch die Iwans mit ihrem Kommunismus. Wir scheinen die Unschuld bewahrt zu haben. Das haben wir sicher auch irgendwie – aber es lag nicht in unserer Hand.

Der schottische Autor Daniel Kalder ist nach zehn in Russland verbrachten Jahren nach Amerika, nach Texas gezogen. Ich habe ihn gefragt, warum ausgerechnet dorthin. Er antwortete: »Weißt du, wenn man so viele Jahre in Russland gelebt hat, kommen nur noch apokalyptische Länder in Frage.« Ich verstehe ihn vollkommen, wenn ich auf der 816 fahre, die meines Erachtens eine der schönsten Straßen in Polen ist. Wenn ich auf der einen Seite die Felder menschlicher Asche habe, auf der anderen die Erinnerung an ein Menschheitsexperiment von fast kosmischem Ausmaß. Wer weiß – vielleicht ist die große Erzählung, die große Prosa ein Kind der Apokalypse? In diesem Fall wäre der Ruf nach ihr, nach ihrer Materialisierung, ein recht riskantes, vielleicht auch unverantwortliches Unterfangen.

Jedenfalls, da bin ich mir fast sicher, entsteht sie nicht aus dem Gefühl der Unschuld – dass es andere waren, nicht wir, dass sie uns reingelegt haben. Nein, die Juden zur Linken und der Kommunismus zur Rechten gehören ebenso zu uns wie unser ewig unschuldiges Polentum. Das ist die Voraussetzung für die Teilnahme an der großen Erzählung. Da gibt es keinen Ausweg.

Die 816 bin ich zum ersten Mal im Frühjahr oder im Herbst gefahren. Die Bäume hatten keine Blätter. Die Landschaft streifte graublau vorbei, und neben der Straße weideten tatsächlich Rehe. Sie hoben kaum den Kopf, wenn sich ein Auto näherte. Zwischen Horodło und Dorohusk gab es fast keine Autos. Ich fuhr durch eine Art Zeitlosigkeit. Durch das Vergessen. Durch eine bukolische Landschaft mit Geranien an den Fenstern und Gänsen auf der Wiese. Und gleichzeitig wusste ich, dass man dort zur Linken ein ganzes Volk abtransportiert hat, Waggon für Waggon, um es zu verbrennen. In Bełżec schrieben sie nicht einmal die Namen auf, nur die Anzahl. Zwei überlebten. Einen davon brachten nach dem Krieg die Polen um. Und zur Rechten das endlose Experiment, dieses Land bis zum Ozean, bis nach China, nahezu unendlich, wo sie auf freiem Feld, in der Steppe, die Zukunft aufzubauen versuchten, unter Aussparung der Gegenwart ...

Da wird einem ganz schwindlig. Von dieser Reise durch die polnische Provinz, die sich als Reise durch die bedeutendsten Ereignisse erweist. Auf der Straße Nr. 816, mit ihren Gänseweiden, mit ihrem Holz und Stroh, durch die Apokalypse.

Neulich brachte mir jemand im Gespräch zu Bewusstsein, dass wir in einem Land leben, das keine Langeweile in der Natur kennt. Du müsstest mal in den Tropen leben, sagte er. Ein halbes Jahr lang ergießt sich Wasser aus dem Himmel. Die andere Hälfte besteht aus eintöniger, gleichgültiger Hitze. Ich stellte mir dieses Gefängnis des Wetters vor, und jetzt lobe ich mir mein Land umso mehr für seine Wechselhaftigkeit, Unvorhersehbarkeit und die Folge der Jahreszeiten, die immer zu langsam kommen oder zu lange dauern, im Vergleich zu den Tropen aber eine große Vielfalt bieten.

Ich lobe also mein Land, und umso mehr, umso stärker lobe ich die Ankunft des Monats Mai: dieses plötzliche Wunder, das nach der Leichenstarre des Winters die Nacktheit der Erde verdeckt, das Skelett aus Schlamm, Gestrüpp und Resten des letzten Jahres bekleidet. Wie eine hochheilige Gnade ergießt sich vom Himmel herab goldener Staub, ein grünlicher Schleier, der Stunde um Stunde, Tag um Tag sich im Laub verfestigt, in grünender Flur kondensiert und kristallisiert, tief in die Erde eindringt und wie ein übernatürlicher Katalysator warme Gerüche freisetzt. Ich könnte stundenlang vor dem Haus sitzen und schauen, schnuppern und lauschen, wie die schönste Jahreszeit an Kraft gewinnt. Doch das gelingt mir fast nie, immer muss ich irgendwo hinfahren, aufbrechen, den Raum durchqueren. Schicksal. Aber ich beklage mich nicht. Denn unterwegs, mit Ortswechseln, aus einer vorübergehenden Perspektive sieht es noch schöner aus. Als flösse ich mit dem Strom

des grünen Blutes im Körper des Landes. Als durch-
querte ich dieses auf dem Rücken liegende, heiße Polen
in seinen Adern, Arterien und Venen, die vor Überfluss,
vor Bereitschaft, vor Potenzialität pulsieren. Wir leben
im Innern, in der Mitte, aber wir brauchen den Mai, um
uns die Reize dieser Eingeweide vor Augen zu führen.

Ein Samstagabend bricht an. Grüne Schatten legen
sich quer über die Straße. Du hältst am Geschäft »Deli-
katessen Zentrum« in Ciężkowice an, um dir Cola und
Red Bull für unterwegs zu kaufen. Junge Burschen
kommen angefahren, mit Musik. Sie tragen enge weiße
Unterhemden, silberne Kettchen und fernöstliche Täto-
wierungen. Die Bässe dröhnen. Die Mädels sind wie
durch ein Wunder schon gebräunt. Der Innenraum des
Geschäfts ist groß, hell und bunt wie im Film oder im
Traum. Der Samstag und der Mai mischen sich zu einem feierlichen, ekstatischen Cocktail. Von den Jungs
und Mädchen her weht ein Duft von Parfüm. Sie sehen
aus wie glückliche, verschüchterte Ehepaare, wenn sie
Bier, Wurst, Senf, Brot, Holzkohle und Anzünder in die
Einkaufswagen laden. Die Jungs tragen Shorts und Sport-
schuhe. Die Mädchen haben einen schwarzen Strich
unter den Augen. Die etwas älteren Frauen nehmen
hundertfünfzig Gramm von dem, hundert Gramm von
dem und wieder hundertfünfzig von noch etwas. Alles
in Scheiben geschnitten. Diese Trägheit und herrschaft-
liche Laune des »geschnitten bitte« nervt mich sonst
immer, als hätten sie allesamt zu Hause kein Messer.
Aber heute nicht, heute sieht es aus wie die Vorberei-
tung auf eine Hochzeit, auf einen Empfang, ein Fest-
mahl, etwas Üppiges. Drei Sorten Schinken, Presskopf

für zwanzig Zloty das Kilo, Radieschen, Salat, zum Trinken etwas Orangerotes mit Kohlensäure in Zweiliterflaschen und obendrauf die gebauschten Kissen von Chips in vier Geschmacksrichtungen. Vor einem Regal mit Wein steht ein älteres Ehepaar in meinem Alter. Seine Erinnerung reicht in die Zeit, als Wein einfach Wein war. Einheimischer und bulgarischer. Lieblicher und trockener. Weißwein, Rotwein, Wermut. Und hier ein Regal bis zur Decke. Die beiden stehen da und flüstern einander ins Ohr. Diskret weisen sie mit dem Finger hierhin und dorthin. Verloren wie Kinder in diesem Delikatessengeschäft, umgeben von der samstäglichen Maiaura, die etwas von Dispens hat, etwas von einer Lizenz zu gemäßigter Spinnerei mit alten Freunden bei einer Flasche Tokajer Furmint.

Draußen sind die Schatten noch länger und grüner geworden. Bei den Bildstöcken haben sich Frauen versammelt. Großmütter und Enkelinnen. Die Mütter sind nicht da. Das Alter gibt sein geheimes Wissen und seinen vermutlich unerschütterlichen Glauben an die weiter, die bereit sind, sie zu empfangen. Das gleiche Bild im ganzen Land: Großmütter und Enkelinnen sitzen auf Bänken zu Füßen der mit Plastikblüten verzierten Figuren. In meiner Erinnerung sind die Blumen von der Wiese oder aus Krepp. Aus Letzteren wusch der erste Regen die Farben aus. Die Mädchen sitzen in würdevoller, gravitätischer Haltung, sie ahmen unbewusst die Großmütter nach. Die Worte der Litaneien höre ich nicht, aber ich kenne sie ja auswendig.

Hier und da erscheinen die weißen Gestalten der Erstkommunikanten. Aus Seitenstraßen, aus kleinen Wegen

wandern sie in Richtung der Kirchen. Zu weiß, zu ir-
real in dieser von heißem Licht zitternden Landschaft. Wahrhaftig engelsgleich in diesem heidnischen, sinn- lichen Mai. Rein und unwirklich, ohne eine Spur des grünen Blutes, das durch den Körper des rücklings daliegenden Landes fließt. Des Blutes, dessen klebrige Strömung mich trägt wie ein Blättchen oder einen glücklichen Schiffbrüchigen.

für Pfarrer Adam Boniecki

Seit dem letzten Mal ist etwas Gold von der Kuppel abgeblättert. Es war Spätnachmittag, die Leute fuhren schon ab. Auf dem grasigen Parkplatz konnte ein sechzigjähriger Mann sich nicht entscheiden, wie viel es kosten sollte, und sagte schließlich resigniert: »Geben Sie mir zwei Zloty.« Am Fuß des Golgatha-Hügels redeten ein paar Dunkelhäutige in einer unbekannten Sprache. Sie könnten aus Indien gewesen sein. Das Völkchen der Pilger schielte neugierig zu ihnen hinüber. Aus dem Imbiss roch es nach Essen. Auf Tafeln wurde gezeigt, wie anständige Kleidung auszusehen hat, o Wunder nicht nur für Frauen, sondern auch für Männer: damit hier niemand in Shorts herumlief. Aber sie taten es. In diesen Cargo-Hosen bis zum Knie mit großen Taschen an der Seite. Die Mädchen bedeckten sich auch nicht die Schultern. Nach Weihrauch roch es nicht, nur nach Parfüm und Deo. Deshalb kam ich immer hier vorbei, wenn ich in der Nähe war. So wie heute an diesem leuchtenden Pfingstsonntag. Von Osten her, aus Warschau, über die feiertäglich leeren Straßen, durch Spaliere von Bäumen. Nicht einmal in Konin gab es Gedränge. Schon von weitem erblickte ich das goldene Gebäude, das in seiner Riesenhaftigkeit eher an ein Naturereignis erinnerte als an ein Werk von Menschenhand. Oder vielleicht erinnerte es einfach an ein Werk der Schöpfung? Etwas, das wir vorgefunden haben? Solche Gedanken können einem kommen, wenn man von der Wojewodschaftsstraße Nr. 266 nach links, nach Nor-

den abbiegt, und das Heilige an der Straße konzentrier-
ter und dichter wird, Bildstöcke und Hinweisschilder
auftauchen und die Zeichen sich mehren, dass es nicht
mehr weit ist.

Aber das Gold war etwas abgeblättert seit dem letzten Mal. Doch das störte mich nicht im Geringsten.
Schließlich erliegen nicht nur Werke von Menschenhand der Zeit, der Erosion und der Meteorologie, sondern auch die Werke des Schöpfers. So erhielt das Gotteshaus von Licheń Glaubwürdigkeit. Es war ja ein von
Menschen geschaffenes Bild des Paradieses. So sah es in
dem überirdischen Licht dieses Pfingstfestes aus. Der
Wind trieb niedrige, aber durchsichtige Wolken heran,
das Licht wurde stärker und wieder schwächer, doch es
erlosch nicht. Es war wie im Himmel, wie im Innern
einer Ikone. Die Schatten von Menschen und Dingen
waren zwar sichtbar, aber zugleich erschienen sie vollkommen durchsichtig. Sie waren kaum Schatten von
Schatten, also die reine Erlösung, eine Welt, aus der der
Tod endgültig vertrieben ist, sie schienen zum Greifen
nah. Was machte es also, dass das Gold abgeblättert war?
Diese Unsterblichkeit sollte ja menschlich und zugleich
polnisch sein, also durfte sie doch auch ein wenig ab-
blättern? Das machte sie glaubwürdiger. Die Mauern
und Kuppeln mochten sich also schon etwas häuten,
aber die Schönheit des Gartens war unbestreitbar. Mit
jedem Jahr breitete er sich aus, kletterte höher und wurde dichter. Er überwucherte Golgatha, verschlang das
Denkmal für die nach Sibirien Deportierten, verleibte
sich das Denkmal für die politisch verfolgten Soldaten
ein, nahm das Denkmal für die Emigranten in seine

Schattenarme und drückte das Denkmal für die Heimat-
armee an seine feuchte Brust. Der Paradiesgarten bot
unserer Heimat Schutz, unserem Land mit seiner ganzen Geschichte, mit seinem Abgrund blutiger Qual, mit
seinem Übermaß an Leiden, und er versprach: nie wieder. Außerdem machte das Eden von Licheń keine Un-
terschiede und versprach allen gleichermaßen Linderung: An der Wand des Nationalen Gedächtnisses sind
alle Orte nebeneinander verewigt, an denen Soldaten
kämpften und fielen, sowohl die der Nationalen Streitkräfte NSZ als auch der Volksarmee, die der Heimatar-
mee und der Volksgarde. Man kann sagen, sie warten in
diesem paradiesischen Vorgarten Arm in Arm auf die
endgültige Erfüllung des göttlichen Plans.

Deshalb komme ich immer hierher, wenn ich in der
Gegend unterwegs bin. Wegen des Duftes der nicht allzu teuren Parfüms, mit denen sich das verlegene, feierliche Pilgervolk besprüht. Der Geruch dieser persönli-
chen, bescheidenen Festlichkeit, die die Wege des Para-
diesgartens entlangspaziert, macht mehr Eindruck als
die in Weihrauchschwaden kniende, ins Gebet vertiefte
Menschenmenge. Und um dieser einfachen – aber für
viele unzugänglichen – Weisheit willen komme ich
hierher: um dem Herrn das letzte Urteil zu überlassen.

Es ist etwas Einfaches, Heiliges und Schönes darin,
dass das Volk sich ein Gotteshaus baut und dann dort
hinfährt und spazieren geht, sich an den Händen hal-
tend oder die Alten am Arm führend, die sich gewünscht
haben, dieses Wunder zu sehen, bevor sie sterben. Und
es ist etwas Menschliches darin, gegenüber den Verboten ein Auge zuzudrücken. Wie bei den nackten Schul-

tern der Mädchen. Und dem Geruch des (verbotenen) Tabaks, der in den Ecken des Gartens hängt. Denn das irdische Eden von Licheń ist eine Ankündigung des letzten Edens, in dem alles Menschliche die Bedeutung verliert und wir die wirkliche Freiheit wiedererlangen. Das können wir uns nicht einmal vorstellen; vielleicht bewegt der Herr uns daher also zu geistigen Übungen und beauftragt uns mit dem Bau eines Modells oder auch eines Freizeitparks unter dem Motto »Ende der Geschichte« oder »Paradies«. Damit wir trainieren können. Und da das Unternehmen – wie man das neuerdings so elegant nennt – dem Volk »gewidmet« ist, ist es wichtig, dass ein Lamm der Nationalen Streitkräfte neben einem Löwen der Volksarmee ruht. Und wenn jemand es schafft, das geistig zu trainieren, dann wird er höchstwahrscheinlich erlöst werden.

Deshalb fährt man nach Licheń an dem Tag, da der Heilige Geist herabgesandt wurde. Amen.

Mein Freund, der ukrainische Schriftsteller Taras Pro-
chasko, hat in seinem letzten Buch eine recht riskante
These formuliert. Wenn die Deutschen den Krieg gewonnen hätten, schreibt er, wäre die Ukraine in den
europäischen Kulturkreis geraten. Diese Behauptung er-
regte anfangs meinen heftigen Widerspruch. Es stimmt,
dass Polen und die Ukraine während des Zweiten Weltkriegs scheinbar unterschiedliche Schicksale hatten.
Hitler kokettierte in gewisser Weise mit den Ukrainern
und lockte sie mit einer rudimentären Autonomie (jedenfalls dachten das die Ukrainer), er gründete ukrainische SS-Einheiten, alle möglichen Hilfs- und Polizeifor-
mationen. Polen hingegen war unter blutiger Besatzung,
die Polen sollten nach Hitlers Plan in Sklaven verwandelt werden. Schließlich bauten die Deutschen ihre Todesfabriken in Polen, weil sie der Meinung waren, dieses
Land habe nichts Besseres verdient und werde jede er-
denkliche Menge menschlicher Leichen und Asche
schlucken. Polen schien ihnen ein guter Ort zu sein für
eines der größten Gräber in der Geschichte der Mensch-
heit.

Das weiß mein ukrainischer Freund, der hervorragen-
de Schriftsteller, natürlich genau. Doch die Geschichte
und der Ort, an dem wir sie erfahren, prägen uns unaus-
weichlich. Der Zufall wollte, dass ich Prochaskos Buch
las, während ich durch die Ukraine fuhr. Es goss zehn
Tage lang, das Zelt konnte man nicht aufbauen, also
schlief ich in kleinen Provinzhotels. Ich fuhr nach Südosten, am Tal des Dnestr entlang, bis nach Chotyn, wo

vor dreihundert Jahren die polnisch-türkische Grenze
verlief. Zehn Tage fuhr ich durch ein unglaublich schönes Land.

Die tiefen Schluchten der Flüsse durchschnitten die
gewellte Hochebene. Die einstige Steppe, in Ackerflä-
chen verwandelt, hatte immer noch etwas Mächtiges,
Weites. Der Horizont war wie magnetisiert, man konnte den Blick nicht von ihm losreißen. Die Flussbetten –
des Dnestr, des Prut, des Seret – enthüllten nacheinander die geologischen Schichten von Hunderttausenden,
ja Millionen Jahren. Auf Hügeln und in Tälern lagen
verschlafene Dörfer. Häuschen mit weißen Wänden und
blauen Fensterläden standen in Apfel- und Kirschgärten.
Die Vegetation war so üppig, dass selbst die Luft grün zu
sein schien. Das Tal des Dnestr ist angeblich die frucht-
barste Region Europas.

Aber man musste die Dörfer, diese beinahe bukolische Landschaft, nur hinter sich lassen, um die Spuren
der Apokalypse wahrzunehmen. Man musste nur in ir-
gendeine Stadt fahren, um zu spüren, dass hier ein zivi-
lisatorisches Experiment von einzigartigem Ausmaß
stattgefunden hatte. Die materiellen Symbole des ge-
scheiterten Kommunismus sind bröckelnder Beton,
rostendes Eisen und Unkraut, das aus den Ritzen der
geborstenen Mauern wächst. Von Warschau bis Ulan
Bator. Der Raum, riesige Räume, Plätze, Verkehrsadern,
Industrieanlagen – alles mit grauem Beton übergossen.
So sollte die neue Zivilisation aussehen: Der Beton sollte augenblicklich, in einer gigantischen Modernisie-
rungsanstrengung, alles begraben, was alt, der Vergangenheit angehörend, überflüssig war. Im Falle der Ukrai-

ne gab es außer dem Beton noch den Hunger, mit dessen Hilfe Stalin einige Millionen Bauern ausrottete, die nach seinen Plänen überflüssig waren. Fensterlose Skelette verharren in der Landschaft, die großen Plätze in kleinen Städten sind nahezu leer, gigantische Rondelle und Kreuzungen auf freiem Feld warten auf den Durchmarsch nicht existierender Armeen. All das sieht aus wie eine Landschaft nach der Vernichtung, denn die Vernichtung hat in der Tat stattgefunden. Das Alte ist zerstört worden, doch nichts Neues ist entstanden. Reste, Abfälle, Überbleibsel einer Utopie verdecken die Gegenwart. Bisweilen scheint es, als würde dieser spezifische Zustand der Lethargie ewig dauern. Die Ukraine sieht aus, als sei sie in einen tiefen Schlaf voller Halluzinationen versunken. Deshalb teile ich die Meinung meines Freundes nicht, aber ich verstehe seine Verzweiflung. Es gibt einfach Länder, auf denen ein Fluch lastet. Sie sind ein Spielball des Schicksals, der Geschichte, des Wahnsinns der Ideologen. Als Erbe erhalten sie bröselnden Beton, Unkraut, Eisenschrott und die Erinnerung daran, dass Menschen aus Hunger Menschen gefressen haben. Da kann es einem in der Tat so vorkommen, als wäre selbst ein zum richtigen Zeitpunkt geschlossener Pakt mit dem Teufel besser gewesen.

Es war ein langer Tag. Donnerstag, der 16. Juni. Ich stand um sechs Uhr auf, trank einen Kaffee, setzte mich ins Auto und fuhr etwa hundertfünfzig Kilometer nach Osten in das Gefängnis im Ort Uherce nahe der ukrainischen Grenze. Dorthin fahre ich von Zeit zu Zeit, um mit Gefangenen zu reden, die in einer Sonderabteilung für Alkohol- und Drogenabhängige untergebracht sind. Therapeuten behaupten, Besuche von außen würden helfen. Und so fahre ich alle paar Monate hin und rede einfach mit ihnen. Ich habe selbst einmal, vor langer Zeit, im Gefängnis gesessen, das erleichtert mir die Sache, wenn ich dreißig finsteren, tätowierten Gestalten gegenüberstehe, deren herausragende Eigenschaft Misstrauen ist. Ich stelle mich hin und rede einfach über das Leben, darüber, wie ich selbst Gefangener war, über meine Abenteuer mit dem Alkohol, über all die Dinge, die sie etwas angehen könnten. Manchmal schalte ich den Projektor ein und zeige ihnen Bilder von meinen Reisen. Ich suche schöne und menschenleere Orte aus: Mongolei, Sibirien, Ferner Osten. Im Halbdunkel schauen sie auf die Leinwand, sehen die Grenzenlosigkeit der Steppe, die Unendlichkeit des Altai, und ich stelle mir vor, dass ihre Seelen eine Art Läuterung, etwas wie Sehnsucht erfahren und für diesen kurzen Augenblick den engen, heißen und muffigen Saal verlassen. Ich kann mich gut erinnern, als ich selbst im Gefängnis saß, war mein größter Schatz eine Ansichtskarte mit einer herbstlichen Berglandschaft. Ich konnte sie stundenlang anschauen. Sie war wie ein Fenster. Die herbstlichen Berge waren dieselben, die auch das Gefängnis umgeben, das ich immer besuche. Solche ironischen Abenteuer hält das Schicksal für uns bereit.

Zwei Stunden später fuhr ich zweihundert Kilometer nach Norden. Ich sollte in dem Städtchen Krasnystaw mit einem Kollegen über Stanisław Bojarczuk sprechen. Bojarczuk war sechsundachtzig Jahre alt geworden und hatte nie sein Heimatdorf verlassen. Als Kind war er lediglich ein paar Monate zur Schule gegangen. Er lernte Lesen und Schreiben, aber zu einer völlig korrekten Orthographie und Grammatik brachte er es nicht. Er führte das Leben eines armen Bauern. Man kann sogar sagen, dass seine Armut oftmals an Elend grenzte. Er hinterließ etwa tausend Sonette. Ja, Sonette: klassisch in der Form, ungewöhnlich feinsinnig, von einer so kunstvollen Poetik, wie ein Sonett nur sein kann. Oft waren sie auf Papierfetzen geschrieben, auf den Rand einer Zeitung, auf irgendetwas. Dieser Autodidakt aus dem Dorf benutzte zur Beschreibung seiner Welt die schwierigste poetische Form. Er las Dante und Petrarca in Übersetzung. Er, der seine zwei mageren Kühe weidete und oft Hunger litt, trat in einen Dialog mit dem Erbe der europäischen Kultur. Die Bücher lieh ihm die ortsansässige Elite. Gegen Ende seines Lebens, schon während des Kommunismus, benutzte er die Bibliothek. Darüber sprach ich mit dem Kollegen in der kleinen Stadt Krasnystaw, in die Bojarczuk von seinem Dorf aus sonntags in die heilige Messe ging. Und ich dachte an meine eigene bäuerliche Herkunft und meine bruchstückhafte Ausbildung.

Und dann, als es dunkel wurde, fuhr ich etwa vierzig

Kilometer nach Westen in das Dorf Gardzienice, wo Włodzimierz Staniewski sein Theater hat. In der tiefsten Provinz, inmitten von Wiesen und Weiden, versucht er Euripides neues Leben einzuhauchen. An jenem Abend wurde gerade *Iphigenie auf Tauris* gespielt. Die halbstündige Aufführung war eine Essenz theatralischer Energie. Bewegung, Tanz, Gesang und Wort schmolzen zu einer elementaren Materie zusammen, zu einer urtümlichen Kraft, die sowohl die Körper der Schauspieler als auch die der im Kreis sitzenden Zuschauer mitriss. Als würde die einen wie die anderen eine Flamme verschlingen, die aus der Tiefe der Körper, aus der Tiefe der Biologie kam. Als alles vorüber war, hatte ich keine Kraft mehr, mich zu erheben. Nach diesem einen Tag, der um sechs Uhr morgens mit einem gewöhnlichen Kaffee begonnen hatte.

Jetzt, um 7.30 Uhr morgens, ist es schwer zu sagen, in welchem Land man hier ist. Die Vögel singen, auf den Rasen rauschen die Sprinkleranlagen, aus dem Schatten von Bäumen und Sträuchern weht herrliches Kühl heran. Die Sonne streichelt eher, als dass sie brennt. Vereinzelte einsame Läufer gleiten lautlos über den Bürgersteig. Fast keine Autos. Es wirkt wie die Utopie eines Morgens in der Stadt. Selbst diese verdünnten Abgase möchte man sich in die Lungen ziehen. So schön ist es. Wie auf einem Manet, Monet oder Mehoffer. Blumenbeete, Rhododendren. Durch Luft und Blattwerk gesiebtes Licht. Hier und da eine Tafel: »Bitte die Wildschweine nicht füttern.« Schließlich müssen auch die Tiere an dieser paradiesischen Wirklichkeit teilhaben, wo eine sanfte Zivilisation auf die Natur zustrebt und umgekehrt. Gleich wird es nach Kaffee riechen, denn gleich nebenan ist *Mount Blanc – top Belgian chocolates*. In der Ferne, hinter den Dünen, hört man das regelmäßige, uralte Geräusch der Wellen wie das Ticken der Ewigkeitsuhr.

Ich werde nicht schreiben, wo das ist, weil ich nur zwei Tage hier bin, Werbung ist untersagt, außerdem muss man wirklich früh aufstehen, um das alles zu erleben.

Denn in der Ferne hört man schon ein Raunen und Grollen, das bald das Ticken der Ewigkeitsuhr übertönen wird. Ach, es wird alles übertönen und verdecken. Der Leviathan der Erholung. Um zwei Uhr nachmittags wird sein massiger tätowierter Körper auch die ent-

ferntesten Winkel der Promenade ausfüllen. Ein ge-
bräunter Körper, mit Sonnenmilch sowie orientalischen
Duftstoffen eingerieben, und die Tattoos werden chinesisch, japanisch und phantastisch sein, weil sie die Sehnsucht nach dem Unbekannten ausdrücken sollen. Er
(der Leviathan) wird sich gleichmäßig ergießen und
spazieren, in seinen Gummischlappen und Cargohosen
bis zu den Knien, in Shorts, mit Piercings im Ohr, in der
Nase, an der Stirn und im Hintern, und er wird in Zungen reden: »Ey! Kannste mal langsamer gehen, Scheiße!«
Und er wird nach den Wonnen dieser Welt schnuppern:
Fisch, Döner, Pizza. Und dann beugt er sich über den
Tisch und benutzt andächtig und salbungsvoll Messer
und Gabel, und das goldene Kettchen versinkt im Ketch-
up. Besucher aus allen Teilen meiner Heimat, hungrig
nach fleischlicher Speise und nach Sonne. Aber auch
nach geistiger Speise, und so tanzen Indianer in Federschmuck (aus Nordamerika) und spielen auf Bambus-
flöten Stücke vom Kondor (aus Südamerika), und der
braungebrannte Körper des Leviathan beginnt sich süß
im Rhythmus der unsterblichen Noten zu wiegen und
zu drehen. Für fünf Zloty kann man diesen Federschmuck anlegen und sich verewigen lassen. Man kann
auch, gleich nebenan, an einem Wettbewerb im Kopf-
stehen auf einem kleinen Teppich teilnehmen, ange-
stachelt durch die Ermunterung halbnackter langhaa-
riger Mädchen, die sich ebenfalls verbiegen und durch
1000-Watt-Boxen dem Weltall verkünden: »Zehn!
Zwölf! Fünfzisch!« Soll heißen Sekunden, in denen es
dem Leviathan gelungen ist, den Kopf zu benutzen.
Doch da kommt aus dem Norden die Dunkelheit, und

damit er sich nicht verirrt, muss man ihm leuchten, also wird ein strahlendes Karussell entzündet, eine Trilliarde Birnen und Dioden, und dieser Lichtnebel vermischt sich mit dem Fleischnebel, der vom Grill aufsteigt und auch mit dem Klangnebel: »Dreh dich, hej! Hotel California! Höschen mit Blümchen! Ave Maria!« Damit er sich nicht verirrt, damit er ankommt, damit er sich ordentlich erholt.

Demütig begebe ich mich in sein Inneres. Als wäre ich selbst eine Innerei, reibe ich mich an anderen Innereien. Ich wollte mir auch einen Teppich kaufen, der in Hunderten Lichtlein flimmerte, wenn man in die Hände klatschte. Aber ich kam nicht durch. Ähnlich war es mit dem Fisch vom Grill. Wie soll man einen Fisch bestellen, wenn tausend andere auch einen bestellen? Demütig wollte ich an der Kommunion teilhaben, während ich mich zugleich von der Notwendigkeit der Gemeinschaft abgestoßen fühlte. Wie ein eiternder Wurmfortsatz kroch ich in diesem großen heimatlichen Organismus umher. Wie ein Tumor. Denn einerseits wollte ich, andererseits fürchtete ich mich. Ich trat ein und verzog mich gleich wieder in eine Seitengasse, wo es still und dunkel war. Aber gleich lockte mich dieser luziferische Glanz wieder ins Innere. Nicht dass ich einen Federschmuck für fünf Zloty hätte anprobieren wollen. Aber ich konnte mich nicht losreißen von dem biologischen Bedürfnis nach Gemeinschaft. Dem Bedürfnis einer Zelle. Denn schließlich redete hier keiner mit dem anderen. Höchstens hielten sich zwei an der Hand, bildeten vier eine Familie, und doch erfuhren sie (wir?) eine krankhafte Nähe. Wie Zellen eben, wie die

Eingeweide eines Viehs, die irgendwelche Enzyme aus-
senden, die uns zusammenhalten. So ging ich und dachte über das Thema Heimat, Vaterland bzw. Nation nach.
Während ich mich als ein Teil davon fühlte und auch
wieder nicht. Während ich es sein wollte und auch nicht.
Mit Geruchssinn, Gehör und Geschmackssinn das En-
zym suchend, das Zellen und Gewebe zu einem Körper
vereint. Auch den Leviathan.

Es störte mich nur, dass im Gelaber meiner Mutter-
sprache hier und da die deutsche Sprache an mein Ohr
drang. Diese Tatsache verdarb mir die Reinheit meiner
Reflexion über das polnische Volk, weitete sie aber zugleich ein bisschen ins Universelle.

Die Gegend, in der ich wohne, ist schön und verlassen. Mit ein bisschen Glück kann man den ganzen Tag wandern, ohne einen Menschen zu treffen. Dagegen kann man keine zwei, drei Kilometer gehen, ohne auf Spuren eines früheren Lebens zu stoßen. Hier gab es von Lemken bewohnte Dörfer. In den vierziger Jahren des letzten Jahrhunderts siedelten die polnischen Kommunisten sie in die Sowjetunion und in den Westen Polens um, in Gebiete, aus denen die Deutschen ausgesiedelt worden waren. Dutzende von Dörfern hörten einfach auf zu existieren. Ihre Holzbauten zerfielen innerhalb weniger Jahre zu Ruinen. Man hat die Häuser verbrannt, zerstört oder auseinandergenommen, um das Material zu verwerten. Mit den Häusern verschwanden auch die schönen unierten und orthodoxen Holzkirchen. Früchte der Kunst volkstümlicher Baumeister. Diese Kirchen vereinigten in ungewöhnlicher Weise die Einflüsse von katholischem Barock und Byzanz. Davon ist keine Spur übrig. Nur, was aus Stein gemacht war, ist teilweise erhalten geblieben. Wenn man durch die verwilderten Wiesen wandert, kann man auf Figuren des Gekreuzigten treffen, die aus unbeständigem grauem Sandstein gemeißelt sind. Regen, Schnee und Frost verwischen allmählich die Formen und Gesichtszüge der Gestalten. Manchmal kann man mitten in einem jungen Wald eine Darstellung der Heiligen Familie finden oder eine Figur der Muttergottes mit den Formen und Zügen einer ländlichen, von harter Arbeit gezeichneten Frau. Auf Waldlichtungen stehen steinerne Grabmäler. Die In-

schriften sind kyrillisch. Sie wurden von Handwerkern
aus dem Dorf eingraviert, deshalb wirken die Buchsta-
ben ungelenk wie die Schrift eines Kindes. Im Spät-
herbst oder zu Beginn des Frühjahrs, wenn Bäume und
Sträucher kahl sind, erkennt ein geübtes Auge Reste
von Kellergewölben aus flachem Schiefer, Spuren von
Fundamenten und Vertiefungen an Stellen, wo einmal
Brunnen waren. Im Frühjahr blühen Apfel- und Pflau-
menbäume. Im Herbst, zu Allerseelen, brennen auf den
verlassenen Friedhöfen Grablichter, denn die Erinnerung lebt fort, und die Leute kommen sogar von weit-
her, um ihrer Angehörigen zu gedenken. In der Dämmerung sehen die Lichter in diesen verlassenen Tälern
wunderschön, melancholisch und unheimlich aus.

Denn in Wirklichkeit ist meine Gegend, die Niede-
ren Beskiden, dieser bescheidene, niedrigste Gebirgszug
im ganzen Hauptrücken der Karpaten, ein Reich der
Geister, ein Reich des Vergangenen und die kosmopoli-
tische Republik der Friedhöfe.

Celestin Padevilla, Albino Bazzanella, Quido Nicolai,
Mario Menotti, Francesco Nardelli, Alexandro Luigi
Berti ... Auch das sind Namen von den Friedhöfen in
meiner Gegend. Diese Männer waren Soldaten. Sie fielen im Frühjahr 1915 bei der Verteidigung der Karpa-
tenpässe gegen die Russen, die auf dem Weg nach Budapest und Wien waren. Italien kämpfte zwar auf der
Seite der Entente, aber diese Soldaten kamen aus Tirol
und gehörten zum Tiroler Kaiserjäger-Regiment. Mit
ihnen zusammen fielen viele tausend andere. Und jetzt
liegen sie hier in meinen Bergen, auf Dutzenden von

Friedhöfen. Einige dieser Kriegsnekropolen sind zu Ruinen zerfallen, weil man sie auf unzugänglichen Gipfeln gebaut hat, wobei man russische und italienische Gefangene zur Arbeit heranzog. Die Russen führten die Zimmermannsarbeiten aus, die Italiener die Steinmetzarbeiten. Manche Friedhöfe, vor allem die nah an Dörfern und Straßen liegenden, sind in recht gutem Zustand und werden laufend renoviert. Sie werden auch besucht. Manchmal finde ich an den Soldatenkreuzen Schärpen in den ungarischen oder österreichischen Nationalfarben. Sogar in der tiefsten Einöde. Sogar auf hohen Pässen.

An diesem Ende der Welt, hier, wo die Straßen enden und die Mobiltelefone nicht funktionieren, liegt halb Europa. Außer den Italienern liegen hier auch Ungarn, Tschechen, Slowaken, Ukrainer, Juden, Russen, Bosnier mit islamischen und slawischen Vornamen, Deutsche, Österreicher und Polen.

Ausgestorbene Dörfer, begrabene Bewohner, tote Soldaten nicht existierender Armeen – das ist alles, was man auf einem halbstündigen Spaziergang antrifft. Und zugleich verlassene Berge, Grün, Hitze, Stille und Raubvögel, die reglos in der erwärmten Luft über den Tälern stehen. Die Welt erinnert an einen großen, ruhigen Friedhof, dem das Grauen des Todes vollkommen abgeht. Man glaubt dann beinah die verschiedenen historischen Schichten, die Ruinen und Knochen unter den Füßen zu spüren. Es ist gut möglich, dass dies für diese Gegend spezifisch ist, für diesen seltsamen Scheideweg zwischen dem Osten, der intensiveren Umgang mit dem Tod hat, und dem Westen, der nicht an den Tod glauben will.

Ich weiß nicht, warum mir ausgerechnet mitten im Sommer solche Gedanken in den Sinn kommen, zur Mittagszeit, wenn die Luft vor Hitze zittert und wogt und ringsum absolute Stille herrscht. Nicht ausgeschlossen, dass das mit meiner Kindheit und den Ferien in Verbindung steht, die ich oft auf dem Land im Haus der Großeltern im Osten Polens verbracht habe. Seit jener Zeit assoziiere ich mit Ferien nicht Erholung, sondern eine Art geheimnisvolle Initiation ins Jenseits, in den Tod: Meine Großmutter glaubte an Geister, wie man an den Alltag glaubt. Sie begegnete ihnen und sprach mit ihnen. Manchmal fürchtete sie sich vor ihnen, aber häufiger war es so, dass sie von ihnen irgendetwas erfuhr. Sie begegnete ihnen, wie man einem Bekannten auf der Straße begegnet. Das passierte ihr am helllichten Tag, vor allem mittags, auf einem Weg, der durch verlassene Felder und Wiesen führte. Sie erzählte davon auf eine ganz natürliche Art, ohne eine Spur von Exaltation. Als Junge von zehn, zwölf Jahren nahm ich an ihrem Tod teil. Es kam mir so vor, als würde sie mit dem Sterben einfach ins Innere ihrer eigenen Erzählung wandern.

Und jetzt wohne ich selbst in einem Reich der Geister.

Und wieder packen. Morgen früh fahren wir auf den Balkan. Wir werden zwei Wochen im Auto verbringen und durch acht oder neun Länder fahren. Also lege ich die Kleider bereit, suche die Landkarten zusammen und schreibe gleichzeitig diesen Text. Ich versuche mir die Welt vorzustellen, als sie noch sesshaft war. In einer Zeit, da man höchstens ins nächste Städtchen zum Markt fuhr. Die Männer machten sich einmal im Leben auf eine lange Reise – zum Militär. Hier in meinem Dorf leben alte Leute, die sich nie weiter als dreißig Kilometer von ihrem Geburtsort entfernt haben. Ihre Enkel brechen nach England auf und kommen nach einem halben Jahr mit einem Auto zurück, das das Lenkrad auf der rechten Seite hat. Es sieht ganz danach aus, als sei die Sesshaftigkeit nur eine Episode in unserer Geschichte gewesen. Jetzt kehren wir zum Wanderleben zurück. Wir werden wieder zu Nomaden. An Ort und Stelle haben wir nichts. Für alles müssen wir aufbrechen: für Geld, für Arbeit, für Erholung, für Sicherheit, für Eindrücke, auf der Flucht vor der Langeweile. Immer bequemere Autos, immer größere Flugzeuge, immer schnellere Züge. Um das Chaos zu beherrschen, um diese Menschenmassen überhaupt irgendwie lenken zu können, schließt oder öffnet man die Grenzen. Auf meiner morgigen Reise werden mich erst die Kroaten nach dem Pass fragen. Im Osten dagegen, an der Grenze der Europäischen Union und der Ukraine, stehen die Lastwagenfahrer von dort drei oder vier Tage in der Schlange. Sie stehen auf freiem Feld, ohne Toiletten, ohne

Möglichkeit, sich zu waschen, im eisigen Wind. Wenn wir etwas öffnen, müssen wir gleichzeitig etwas schließen, von etwas müssen wir uns abgrenzen. Vor einigen Tagen ist einer der in der Schlange wartenden Lastwagenfahrer gestorben. Herzinfarkt. Gestern habe ich gelesen, dass an derselben Grenze ein anderer im Schlaf im Fahrerhaus des eigenen Autos verbrannt ist. Diese Todesfälle sind symbolisch: Man stirbt in der Erwartung, dass man hereingelassen wird, an der Grenze, im Niemandsland. Nomaden begruben ihre Toten und zogen weiter. Heute hat eine Industrie Zukunft, die menschliche Leichen in große Entfernungen verschickt. Es sei denn, das Begraben von Toten wird, wie der Großteil des Lebens, in die virtuelle Wirklichkeit, ins Internet verlegt. Jedenfalls werden wir immer seltener unsere Gräber an den Orten finden, wo wir geboren wurden.

Ich schaue mir die Karte an, die an der Wand hängt. Die Ostgrenze der Europäischen Union sieht aus wie ein Fluss, der die Ostsee mit dem Schwarzen Meer verbindet. Sie verläuft an der Wurzel unseres Kontinents, der eigentlich eine kleine Halbinsel der eurasischen Landmasse ist. Auf die dünne, gewundene Linie drückt der ganze riesige Osten. Da drücken Russland und Sibirien, Zentralasien, China, Indien sowie Indochina. Alle begehren den europäischen Reichtum, den europäischen Komfort, den europäischen Luxus. Machen wir uns nichts vor – all das begehren auch die asketischen und fundamentalistischen Mohammedaner. Hunderte Millionen Menschen wollen sich auf die Reise machen. Millionen machen sich auf die Reise und stehen vor den Toren unserer Überflussgesellschaft. Vor einiger Zeit kamen aus dem Grenzwald in der Nähe meines Dorfs ein paar Nepalesen. Klein, dunkelhäutig, durchgefroren fragten sie mit komischem Akzent: »Warszawa? Warszawa?« Nach einer halben Stunde nahm der Grenzschutz sie mit. Ich schaue mir die Grenze auf der Karte an und sehe, wie brüchig sie ist. Brüchig und nicht zu halten. Wir leben auf unserer Halbinsel wie auf einer belagerten Festung. Manchmal habe ich den Eindruck, alles, was wir tun, ist von Angst diktiert. Die »alte« Union hat neue Länder aufgenommen, um den Atem des Ostens nicht im Nacken zu spüren, in der Hoffnung, den Osten noch etwas aufzuhalten. Im Süden ist zum Glück das Meer, und die afrikanischen Argonauten, die vor Hunger und Gewalt fliehen, ertrinken oder verdursten. Doch mit dem Osten verbindet uns das Festland. Über dieses Land kamen übrigens unsere europäischen Vorfahren.

In Warschau, an der Stelle, wo das neue Stadion gebaut worden ist, befand sich der größte Basar Europas. Unter freiem Himmel, auf einer Fläche von Dutzenden Hektar wurde buchstäblich mit allem gehandelt. Tausende Vietnamesen, Koreaner, Chinesen, Mongolen, Kasachen sprachen in ihren Sprachen, und dieses lärmende babylonische Treiben war wohl das Interessanteste, was man in meiner Hauptstadt sehen konnte. Unter dem nebligen, niedrigen Winterhimmel schwebten die Düfte des Orients, denn jede Nation brachte auch ihre Köche mit. Immer wenn ich dort war, hatte ich das Gefühl, ich sehe hier eine vorläufige Version der Zukunft. Am frühen Nachmittag wurden die Läden und Stände abgebaut. Die modernen Nomaden verschwan-

den irgendwo. Was von ihnen blieb, waren niedergetre-
tene, matschige Erde und leere Kartons. Aus unserer
Welt nahmen sie nur Einnahmen und Gewinn mit. So
war es immer. Für etwas anderes brauchen sie uns nicht.

Am Übergang in Muriqan standen nur wenige Autos. Es war Mitte Juni, und mit dem Verkehr würde es erst losgehen. Vor zwei Jahren fuhr ich im August hier entlang und stand über eine Stunde. Damals war das ganze europäische Albanien unterwegs. Mit griechischen Nummernschildern, mit italienischen, britischen, schweizerischen, deutschen und kosovarischen. Sie fuhren ans Meer, in die Heimat, nach Montenegro oder sie kehrten zurück. Aber jetzt war es leer, und die gelangweilten Grenzposten erlaubten sich sogar eine Art Lächeln. Sie schauten in kein Auto, hauten nur ihren Stempel drauf und winkten zur Weiterfahrt.

Doch auf der anderen Seite begann sofort eine Betriebsamkeit, wie sie vorher weder in Bosnien noch in Montenegro geherrscht hatte: Motorroller, Fahrräder, Pferdewagen, alle waren unterwegs, alle trugen oder fuhren etwas, die Straße nach Shkodër war erfüllt von Verkehrs- und Transportenergie. An der Peripherie am Fuße der Festung gab es immer noch die Slums der Zigeuner. Vor der schmalen und löchrigen Brücke musste man das Tempo drosseln, und dann kamen die auf ihren strategischen Posten aufgestellten dunkelhäutigen Kinder auf die Fenster zugerannt. Mechanisch klopften sie gegen die Karosserie, steckten die Hände herein und hielten ihre eintönige Ansprache – zehn- oder zwölfjährige Profis. An diesem Bild war nichts Ungewöhnliches. Oben ragte die monumentale Festung auf, die sich noch an die Zeit der illyrischen Königin und Korsarin Teuta erinnerte. Teuta hatte ihre Hauptstadt in

Shkodër und war der Schrecken der Adria und des Io-
nischen Meeres, und erst eine römische Flotte von
zweihundert Schiffen setzte ihrer Herrschaft ein Ende.
Man konnte sich gut vorstellen, dass die Bettelei im
Schatten der Burg Rozafa seit zweieinhalbtausend Jahren ununterbrochen im Gang war.

In der Stadt begann der Korso. Die Hauptstraße war für
Autos gesperrt, und auf die Gehsteige, auf die Fahrbahn,
in die Gärten der Cafés ergoss sich die Menschenmenge.
Es waren anscheinend alle Bewohner gekommen, Alte,
Kinder, aus den entferntesten Vororten, vielleicht waren
sie auch aus den Gräbern auferstanden. Das ballte sich,
spazierte, grüßte, aß, trank, klopfte auf Schultern, um-
armte sich, strahlte, glänzte, paradierte, prahlte – einfach
ein Saturday night fever am Mittelmeer, obwohl Diens-
tag war. Ich dachte daran, wie unendlich grausam der
albanische Kommunismus gewesen sein muss: dieses
extrovertierte, gesellige, kommunikative, kontaktfreu-
dige, offene Volk zum Schweigen zu zwingen. Sie konnten sich nicht treffen, sie konnten nicht ehrlich miteinander reden, es gab keinen Korso, kein Lachen, keine
Musik, es gab nichts außer dem düsteren, kalten, dunklen, hoffnungslos öden Alltag. Angst und Stille. Ich
konnte mir das nicht vorstellen, als ich das abendliche
Shkodër betrachtete.
   Alles hier hatte sich verändert. Vor einigen Jahren
hörte man abends noch überall das Rattern der Strom-
erzeugungsaggregate. Hier und da schimmerten einzelne schwache Lichter. Es fehlte an Strom. Nach Einbruch der Dunkelheit lebte man auf den Straßen im

Schein der Autoscheinwerfer. Und so lauschte ich, aber ich schnupperte auch die Luft: Der Gestank von brennendem Müll war verschwunden. Früher glommen in Gassen und Straßen Halden von Abfällen: Kartons, Plastik, Eingeweide von Tieren. Jetzt roch ich nur Abgase und Tabakrauch. So gut wie alle rauchten. Überall, ohne Beschränkung. »Ein freies Land«, dachte ich. Ich selbst habe das Rauchen vor ein paar Jahren aufgegeben, aber jetzt spürte ich, wie angenehm der Umgang mit leidenschaftlichen Rauchern war. Wir setzten uns unter einen Schirm, um etwas zu trinken. Der junge Kellner sprach nur albanisch, doch er fischte aus der Menge sofort einen Polyglotten, dieser den nächsten, der wieder den nächsten, und bald stand um unseren Tisch ein Grüppchen Jungs, die in vier oder fünf europäischen Sprachen mit uns redeten. Als sie erfuhren, woher wir waren, erinnerte sich einer von ihnen an ein paar polnische Wörter, entschuldigte sich dann und wechselte ins Serbische, um uns Slawen eine Freude zu machen.

So war dieses Shkodër an jenem Juniabend: schwatzhaft, selbstverliebt, gierig nach Kontakt und gastfreundlich. Als wir am späten Abend in der Menschenmenge zum Hotel zurückkehrten, hörten wir an der Peripherie zwei ferne Schüsse. Doch daraus machte sich keiner etwas. Nicht ausgeschlossen, dass die Bewohner speziell für uns schossen, wie sie speziell für uns Serbisch gesprochen hatten.

Das ganze Land lebte schon für die Parlamentswahlen. Von allen Seiten, aus Kneipen, aus Häusern, aus vorbeifahrenden Autos ertönte die Wahlhymne der Demo-

kratischen Partei *Shqipëria po ndryshon* – was man mit
»Albanien sagt ja zu Veränderungen« oder »Ja zu Veränderungen in Albanien« übersetzen könnte. Jedenfalls
verstummte diese Pop-Hymne oder auch dieses Kampf-
lied keinen Augenblick. Sali Berisha und seine Partei
waren erdrückend überlegen im Äther, auf der Erde und
in der Luft. Die regierende Partei ist eben die regierende Partei. Überall prangte das schwere, grob geschnitte-
ne und etwas unheimliche Gesicht des Kardiologen
und Bergbewohners aus dem wilden Norden. Er schaute von Plakaten, von meterlangen Bildern, die an den
Wänden von Wohnblocks hingen, aus Flugblättern, die
an Autoscheiben klebten. Man konnte sehen, dass er ein
harter Mann war. Vor einigen Jahren bin ich in der Gegend gewesen, aus der er stammte, in Tropojë kurz hinter der Grenze zum Kosovo. Sie zeigten mir sein Haus.
Es sah aus wie die meisten Häuser in dieser Ecke: eine
kleine steinerne Festung mit Fenstern, aus denen man
leichter schießen als hinausschauen konnte. Es stand abseits, und sicher waren seine Bewohner auf alles gefasst.
Wie vor hundert oder zweihundert Jahren. Auf den
Empfang von Gästen ebenso wie auf die Abwehr des
Feindes. Das ist hier so in den nordalbanischen Bergen.

Diesmal gelangten wir ganz an ihren Rand, zum Fuß
des Dreitausenders Jezercë. Wir schliefen im Zelt neben
einer Kneipe im Dorf Valbona. Zum Frühstück gab es
große Mengen Salat mit einheimischen Käsesorten. Bis
in die späte Nacht tönte aus großen Boxen türkische
Disco. Das klang seltsam und beunruhigend in dieser
Steinwüste. Die aus Holz gebaute Kneipe war mit blau-
en Flaggen der Demokratischen Partei geschmückt,

und Salis eiserne Wählerschaft stellte die Klientel. Rifat war dreißig Jahre alt, ein Meter achtzig groß, bestand nur aus Sehnen und sprach hervorragend französisch. Er erzählte von den Veränderungen, als wären sie das persönliche Verdienst Berishas. Berisha baut eine asphaltierte Straße nach Valbona, Berisha hat das Banditentum im Norden eingedämmt, Berisha hat fünftausend Euro Belohnung für Informationen ausgesetzt, die das inzwischen legendäre Verschwinden dreier tschechischer Touristen in den hiesigen Bergen vor zehn Jahren betreffen ... Berisha ... Berisha ... Berisha ... Die Macht musste ein Gesicht haben – am besten ein bekanntes und männliches. In Albanien, wo alles sich auf Familie, Sippe oder auch Stammesordnung stützt, muss der Führer vor allem jemand sein, eine Figur, eine Persönlichkeit, seine Ansichten und politischen Überzeugungen sind zweitrangig.

Rifat führte uns auf einem alten Pfad über den Valbona-Pass in das Dorf Theth jenseits des Gebirgsmassivs. Diesen Pfad nahmen die Bergbewohner seit Jahrhunderten, um in einem Tag nach Shkodër zu gelangen. Der Weg außen herum – mit dem Auto, dann siebzig Kilometer mit der Fähre auf dem Wasser des Koman-Stausees und wieder mit dem Auto – nahm dreimal soviel Zeit in Anspruch. Nur dass die Einheimischen den Bergpfad in vier Stunden überwanden und wir acht Stunden dafür brauchten. Auf der anderen Seite, in Theth, dem Dorf, das in Albanien als Synonym für das Ende der Welt gilt, trafen wir natürlich deutsche Touristen. Sie waren zu viert. Aber auch drei junge Leute aus Polen waren dort. Ich spürte, dass Albanien nie wieder das sein würde, was es einmal war.

Irgendwo in der Gegend von Rrëshen fuhren wir auf einer nagelneuen Schnellstraße. Der Asphalt war schwarz wie die Nacht. Es war fast niemand unterwegs. Auf dem Seitenstreifen lag die Leiche eines Esels. Sie war vor Hitze aufgebläht, und die vier Beine ragten dramatisch in den Himmel. Kurz danach trafen wir auf eine Polizeisperre. Man sagte uns, wir sollten an die Seite fahren und bei den anderen angehaltenen Autos warten. Wir fragten die Fahrer aus. Berisha, natürlich Berisha! Nach wenigen Minuten sahen wir den Konvoi. Über die leere, breite neue Straße jagten schwarze BMWs und Mercedes. Jeder hatte ein Blaulicht auf dem Dach, manche hatten auch ein rotes. Hinter den Personenwagen fuhren Geländewagen. Auch schwarz, aber amerikanische. Vielleicht Cadillac Escalade oder Lincoln Navigator. Danach kam nur noch Kroppzeug, sogar Golfs waren zu sehen, dafür aber mit Flaggen von Albanien, den USA, der NATO und der Demokratischen Partei dekoriert. Aus Megaphonen lief das unverwüstliche *Shqipëria po ndryshon*. Ein cremefarbener Krankenwagen schloss den Einsatz ab. Berisha fuhr nach Norden, um sich mit den Wählern zu treffen. Er jagte mit einem amerikanischen Navigator über den Asphalt, den er selbst gelegt hatte, vorbei an einem aufgeblähten toten Esel, und führte unter der roten Flagge mit dem zweiköpfigen schwarzen Adler sein Land in die Zukunft.

Pietro Marubi war Maler und Italiener. Er wurde Fotograf und Albaner. Im Garibaldi-Aufstand engagiert, überquerte er nach dessen Niederschlagung auf der Flucht vor Repressionen die Adria und ließ sich in Shkodër nieder. Dort änderte er seinen Namen in Pjetër Marubi und gründete die vielleicht berühmteste Dynastie von Kunstfotografen auf dem Balkan. Er adoptierte Kel Kodheli, der seinen Namen annahm und sein Werk fortsetzte. Und später machte auch Kels Sohn Gegë Fotos. Zusammen hinterließen sie hundertfünfzigtausend Fotografien, entstanden in den Jahren 1858 bis 1950.

Ich schreibe darüber, weil ich vor zwei Wochen in Shkodër war und das Museum der Marubis aufgesucht habe. Es ist in einem alten Haus im Zentrum untergebracht, aber es ist schwer zu finden, weil es von kommunistischen Betonblocks verdeckt wird; man kann die Taxifahrer fragen, die unweit einen Stand haben. Von diesen hundertfünfzigtausend Fotografien werden in dem Museum nicht mehr als dreißig gezeigt. Die Bedienstete war offensichtlich unzufrieden mit unserem Besuch. Die Frau wiederholte ständig »zwei Euro« und wollte auf keinen Fall albanisches Geld. Danach stellte sie sich hinter uns, als wären wir Diebe.

Am Abend ist es uns gelungen, in einem der Antiquariate in Shkodër zwei Bildbände mit Fotografien des italienischen Albaners zu kaufen.

Marubi war ein Künstler und Visionär. Er kam in ein Land, in dem niemand Fotos machte. In ein Land, von dem damals kaum jemand etwas wusste. Albanien lebte

in der Vergangenheit, in seiner mittelalterlichen und zugleich osmanischen Stammesgesellschaft. Aus Italien
kommend, musste er das Gefühl haben, aus einer fernen
Zukunft zu kommen, außerdem war er mit der neues-
ten Technologie ausgerüstet. Es genügte, das Moderne
gegenüber dem Altertümlichen aufzustellen und präzise
die Parameter von Licht und Zeit zu berechnen. Auf
den mit Silberverbindungen bedeckten Glasplatten erschienen Gestalten, für die eher die Malerei angemessen
gewesen wäre, eine Variante der Renaissance-Malerei.
Aber in Albanien gab es keine Renaissance-Malerei, da
musste erst Marubi kommen.

Was für schöne Gestalten des ausgehenden 19. Jahrhunderts! Männer in traditionellen Gewändern mit Sil-
ber- und Goldverzierungen, mit Waffen beladen; hinter
den monströsen Gürteln stecken Steinschlosspistolen
aus dem 18. Jahrhundert, archaische, mit Perlmutt besetz-
te Zündhütchen-Revolver, Dolche, Patronentaschen
mit Gewehrmunition von mächtigem Kaliber. All das
ist unendlich männlich, voller Kriegerstolz, ach – mei-
netwegen auch von chauvinistischem Dünkel, und zugleich hat es Stil, hat etwas von Dandytum und Metro-
sexualität. Als hätten diese Bergbewohner, bevor sie sich
vor dem Objektiv postierten, viele Stunden vor dem
Spiegel in der Garderobe verbracht. Denn außer den
Flinten, den Stiletten, außer dem ganzen Kriegsschrott
tragen sie vielschichtige weiße Plisseeröcke bis zur Wa-
de – ein traditionelles Element der Tracht. Sie sehen
darin aus wie schnauzbärtige Ballerinas. Die albanischen Frauen jener Zeit sind weniger anmutig. Natürlich sind sie mit Schmuck behängt, mit Gold- und Sil-

bermünzen, mit Ketten, die Männer sparen nicht an Ringen, Armbändern und Ohrringen, an Damast und Saffianleder, aber diese ganze Pracht soll eher die Wohlhabenheit des Spenders als die Schönheit der Frau unterstreichen. Das Weibliche ist versteckt, vermummt, eingehüllt, eingesperrt. Die Frauen erinnern an verzierte, geschlechtslose Pakete. Die Männer dagegen – wenn auch scheinbar streng, hart, ein bisschen wild, kriegerisch – machen einen geradezu koketten Eindruck. Auf Marubis Fotos kann man sehen, wie die mediale Wirklichkeit geboren wird. Die Fotografien sind noch in der Welt der Malerei verhaftet, aber sie kündigen schon eine neue Epoche an. Die Gestalten sind ernst, gut positioniert, sie sind sich der Ausnahmesituation bewusst, die die Anfertigung eines Bildnisses darstellt. In jenen Zeiten konnten sich das ja nur die Mächtigsten leisten. Andererseits ist schon deutlich das Spiel mit dem Zuschauer zu bemerken. Viele dieser bis zu den Zähnen bewaffneten, orientalisch-prachtvoll gekleideten »wilden Bergbauern« sind einfach junge Burschen aus der Stadt, die sich Kostüme angezogen haben. Im Alltag tragen sie europäische Anzüge, besuchen Schulen in Shkodër und lernen Französisch. Davon zeugen ihre feinen Gesichtszüge und ihre zarten Hände. Diejenigen dagegen, die tatsächlich aus den Bergen gekommen sind, um sich zum ersten Mal im Leben zusammen mit ihren museumsreifen Flinten und reich geschmückten Frauen fotografieren zu lassen, wurden in der künstlichen Szenerie eines Ateliers untergebracht. Mit Schnurrbärten, mit Gesichtern, die Mineralien gleichen – so sehr sind sie von Wind und Sonne gegerbt –, sitzen sie vor dem Hin-

tergrund gemalter Berge zwischen ordentlich zurecht-
gelegten Steinen und abgeschnittenen Ästen.

So musste also Garibaldi über Tanger nach Amerika
fliehen, damit Pietro Marubi sich in Albanien wieder-
finden und die neueste europäische Erfindung dem Äl-
testen gegenüberstellen konnte, was es in Europa gab.

Das Museum befindet sich an der Muhamet-Gjolle-
sha-Straße. Man kann die Taxifahrer fragen.

Eines Sommers fuhren wir nach Niţchidorf (Nitzky-dorf). In diesem Dorf unweit von Timişoara ist Herta Müller geboren und aufgewachsen. Ihm hat sie ihr Debüt, das Buch *Niederungen* gewidmet. Wir wollten diese Gegend sehen, weil es gut ist, den Ort zu kennen, den das Denken eines Schriftstellers berührt.

Das Dorf lag in einer baumlosen Ebene. Die Häuser standen entlang einiger Straßen, die sich im rechten Winkel kreuzten. Gleich hinter den letzten Bebauungen verwandelten die Straßen sich in schlammige Wege, die in die Tiefe endloser Felder führten, und verschwanden am Horizont. Im Zentrum des Dorfs stand eine Kirche mit einem barocken Turm. Sie sah heruntergekommen aus. Die Bewohner schauten uns misstrauisch an. Wer weiß, wann man hier zuletzt einen Fremden gesehen hatte? Es war keine Touristenregion. Die Gegend wirkte ärmlich und vergessen. Im 18. Jahrhundert hatten die Habsburger hier Deutsche, Schwaben, angesiedelt, damit sie die fruchtbare Erde des Banat bewirtschafteten. Ganze Dörfer waren hier seit Jahrhunderten deutsch. Während des Zweiten Weltkriegs dienten die Männer in der SS und in der Wehrmacht. Hertas Vater war in der SS. Die Schriftstellerin erwähnt in Interviews, dass er SS-Lieder sang, wenn er betrunken war. Im Übrigen spulten fast alle Männer in betrunkenem Zustand abends dieses Repertoire ab. Das Dorf war eben sowohl während des Krieges als auch danach nazistisch. Wie ganz Rumänien, das bis in die letzten Kriegstage an der Seite des Dritten Reichs kämpfte. Danach kam der

Kommunismus, und die Männer sangen nur noch be-
trunken und in kleinem Kreis die alten Lieder. Sie wechselten von einem Totalitarismus in den nächsten. Nur dass der zweite gleich doppelt verhasst war – nicht genug, dass er kommunistisch war, er war auch noch fremd: rumänisch. Und die Banater Deutschen fühlten sich den Rumänen schon immer zivilisatorisch und kulturell überlegen. Wenn sie nicht sogar Verachtung für sie empfanden. Und damit mussten sie leben, deshalb sangen sie in ihren vier Wänden ihre alten Heldenlieder.

»Es war klar für mich, dass ich auf der Seite derer geboren bin, die für die Nazi-Verbrechen verantwortlich sind. Dafür konnte ich zwar nichts, aber in meinem Kopf war ständig der Gedanke, dass mein Vater all das gesehen und mich dann gezeugt hat. Er ist aus der Gefangenschaft zurückgekehrt und heiratete dann meine Mutter, also hatte er diesen ganzen Krieg in sich.« Das sagte Herta Müller in einem Interview, das sie 2008 ihrer polnischen Übersetzerin gab.

Das sind sonderbare, ergreifende Worte. Die Schriftstellerin spricht nicht von Erbschuld. Ihre Weltanschauung ist nur zu rational: Wir sind nur für unsere eigenen Taten verantwortlich. Wenn unsere Eltern falsch gehandelt haben, haben wir das Recht, das zu beurteilen, und sind ihnen nichts schuldig. Gleichzeitig ist die Vision des SS-Vaters, der gesättigt, durchdrungen von den Schrecken des Krieges zurückkehrt und das ganze Grauen im Akt der Zeugung an die Tochter weitergibt, ebenso irrational wie erschütternd. Das heranwachsende Mädchen liest Paul Celan und hört am Abend die Nazigesänge. Sie lernt die Geschichte kennen und lebt im Schatten des Vaters, dessen Leben vom Gestank verfaulender und verbrennender Leichen durchdrungen ist. Die Mutter, die sie geboren hat, legt sich jede Nacht neben diesen Menschen, und morgens sucht sie ihm frische Kleider heraus und legt sie auf einen Stuhl. Die Tochter ist ihr Fleisch und Blut. Sie lebt in der stickigen Atmosphäre des Dorfes, in dem fast jedes Haus sein stummes Kriegsgeheimnis hat, sein ängstliches Schweigen und seine besoffenen Lieder. Niemand hier bedauert die eigenen Taten, sondern nur den verlorenen Krieg. Nur manchmal erwähnt der eine oder andere, dass die Deutschen das Gleiche getan haben wie die Russen.

Wir mussten nach Nitzkydorf fahren, um irgendetwas zu begreifen. Ich stellte mir das Mädchen vor, das alles zu verstehen beginnt, aber niemanden hat, zu dem es gehen und davon erzählen kann. Es gibt nur die schweigende Familie, das schweigende Dorf und Felder bis zum Horizont. Im Winter weiß und gefroren, im Herbst und Frühjahr schwarz und morastig. Hinter dem Horizont leben Rumänen, die im Dorf verachtet werden und deren Sprache das Mädchen erst in der Schule lernt. Nitzkydorf war wie eine Insel oder wie ein verirrtes Schiff, auf dem betrunkene Männer alte Lieder sangen. Man konnte nicht fliehen, und man konnte nicht in den Gesang einstimmen.

Die *Niederungen* sind voll von dunklen, fast reglosen Bildern der Alltäglichkeit. Das Kind, das von ihnen erzählt, empfindet keinen Augenblick lang Freude. Es gibt keinen Platz für es in der Welt der Erwachsenen. In dieser Welt scheint es überhaupt keinen Platz für die Kindheit zu geben. Da sind die behaarten und schweren

Körper der Erwachsenen, da ist das Fleisch und Blut
getöteter Tiere, da ist die tägliche Sauferei und das Singen. Und die Stille, die absolute Stille, die sich über der Vergangenheit geschlossen hat. Wenn man das liest, wenn man zwischen diese Bilder tritt, kann man sich des Eindrucks nicht erwehren, dass sich all das im Zwielicht, im Keller oder nach dem Tod abspielt.

Aber nach dem Verlassen des Dorfs, nach der Flucht in die Welt ist es keineswegs besser. Die Welt ist das Rumänien Ceauşescus. Der rumänische war neben dem albanischen Kommunismus der grausamste und zugleich der verrückteste in Europa. Während andere »Diktaturen des Proletariats« im Laufe der Zeit milder wurden, die Zähne verloren, Kompromisse machten und die Ideologie durch Pragmatik ersetzten, war es in Rumänien umgekehrt. Das kam daher, dass Ceauşescu ein echter Diktator und ein echter Verrückter war. Seine Paranoia und sein Größenwahn verstärkten sich mit der Zeit, und die achtziger Jahre waren der Höhepunkt. Als in Europa der Kommunismus zu schwanken beginnt, steuert Rumänien auf die Utopie zu. Der Dracula aus Bukarest zerstört ganze Viertel und baut sich einen vergoldeten Marmorpalast, das zweitgrößte Gebäude der Erde nach dem Pentagon. Jeden Tag wechselt er den Anzug und lässt den alten verbrennen. Er, mit seinen Seidengewändern, mit seinem schwarzen Labrador, für den das Essen aus London eingeflogen wird, plant den großen Umbau des Landes. Einige tausend rumänische Dörfer sollen vom Erdboden verschwinden. Mit Sicherheit deshalb, weil er sein Scorniceşti vergessen will, das ärmliche Kaff in der Walachei, wo er geboren wurde.

Der Genius, der nicht einmal fähig war, seine Schuster-
lehre abzuschließen, will alle Dorfbewohner in mehrere
Stockwerke hohen Betonblocks unterbringen. So stellt
er sich den Fortschritt vor. In seinem Land herrscht
Hunger, es gibt keinen Strom, in kalten und dunklen
Krankenhäusern sterben Neugeborene, und gleichzeitig
wird die Empfehlung ausgesprochen, die Frauen sollten
mindestens fünf Kinder auf die Welt bringen. Weil
Rumänien groß und stark werden soll. Nicht umsonst
ist es nach Meinung des Diktators und seiner Weisen
die Erbin des alten Roms. In Büros und Fabriken werden gynäkologische Kontrollen durchgeführt, um illegale Abtreibungen zu verhindern. Polnische Händler
schmuggeln Biseptol ein. Rumänische Frauen setzen das
Antibiotikum vaginal als Verhütungsmittel ein. Im Land
herrscht die Geheimpolizei. Alle werden überwacht.
Offene Gespräche werden nur im engsten Kreis und im
Flüsterton geführt. Herta Müller erfährt nach Jahren,
schon nach ihrer Ausreise, dass ihre beste Freundin sie
denunziert hat. Ihr Freund hängt sich auf, weil er die
Verhöre psychisch nicht durchhält. Sie selbst lehnt die
Zusammenarbeit mit der Geheimpolizei ab. Die Securi-
tate überwacht sie, verhört sie, wendet psychische Folter
an, droht ihr mit dem Tod. In einer ihrer Interviews
erzählt Herta Müller, wie sie eines Tages ein paar große
Steine in die Manteltaschen steckt und ans Flussufer
geht. Sie begeht keinen Selbstmord, aber sie behauptet,
den Tod habe sie schon geübt.

Es gibt keine Flucht aus jener Welt. Man kann höchstens die Bedrängnis der SS-Vergangenheit gegen die
Polizeitortur der Gegenwart tauschen. Es ist schwer,

sich diese Wirklichkeit vorzustellen. Sie gleicht einer grausamen, raffinierten Fabel. Dass so das Leben ausgesehen hat, kann man sich kaum vorstellen. Man kann sich kaum vorstellen, dass es so sehr an den Tod erinnerte; ein Begräbnis zu Lebzeiten.

Die Schriftstellerin erhält Arbeits- und Publikationsverbot. Doch 1987 erlauben sie ihr, Rumänien zu verlassen. Die Laune eines Tyrannen, ein Versehen oder Kalkulation. Sie reist nach Berlin aus, in die freie Welt. Sie müsste eigentlich neu geboren werden. In der Tat schreibt und publiziert sie ein Buch nach dem anderen. Fast alle beziehen sich auf eines: das Leben im totalitären Staat. Alle sind sie gleichermaßen meisterhaft und gleichermaßen erbarmungslos und düster. Manchmal (jedenfalls in Polen) hört man Stimmen, es sei jetzt genug, es sei unerträglich, solche Geschichten seien nicht auszuhalten. Ich denke manchmal auch, in gewisser Weise hat Ceauşescu posthum einen vampirhaften Sieg gegen sie davongetragen. Er hat sie gebissen und fürs ganze Leben gezeichnet.

Herta Müllers Arbeit als Schriftstellerin ist anachronistisch. Hartnäckig hält sie an dem Vergangenen und dem Schrecklichen fest. Sie könnte das alles vergessen. Ihre Erinnerungen schreiben, ein paar martyrologische Interviews geben und sich mit der schillernden, faszinierenden Postmoderne beschäftigen, von der wir so gern hören. Oder mit Prophezeiungen, mit der Verkündung des Endes, das ist immer gefragt. Doch die Schriftstellerin erzählt uns von vergangener Angst, von dem Albtraum, Opfer zu sein, von dem entlegenen Reich eines Vampirs. Kurz gesagt, sie könnte sich neu erfinden in einer Zeit, in der es so modern ist, sich neu zu erfinden. Schließlich präsentiert uns die Welt jeden Tag ein Angebot an neuen Verkörperungen. Wir können unsere Persönlichkeit beliebig konstruieren, bald werden wir im Rahmen der Verbesserung unserer Selbstbewertung unsere Erinnerung modifizieren. Wir werden die schmerzlichen Dinge entfernen und die angenehmen verstärken. Deshalb ist die anachronistische und grausame Literatur Herta Müllers so wichtig. Die Welt verlangt es vor allem nach Amnesie. Mit ihrer Hilfe kann sie an ihre Unschuld glauben.

Eines Tages im Herbst fuhr ich mit Herta in den Osten Polens, wo sie sich mit ihren Lesern treffen sollte. Ich wusste, was die Vergangenheit und Rumänien ihr bedeuten. Dennoch legte ich eine meiner CDs mit rumänischer Volksmusik auf. Wir hörten auf zu reden. Die rauhe Stimme eines alten Zigeuners erfüllte das Auto. Nachdem sie eine Weile leise gesummt hatte, stimmte sie in den Gesang ein. Sie kannte den Text des ganzen Liedes.

Der Himmel ist wolkenlos, die Sonne steht hoch. Dann scheint absolute Stille zu herrschen. Aber das ist eine Täuschung; weil wir taub geworden sind. Die Luft zittert und vibriert von einer Milliarde harter Geräusche. Stechend und unsichtbar steigen sie aus den hohen Gräsern auf. Zuerst kann man sie hören, dann betäuben sie wie ein Anästhetikum aus Klang. Wieviele Insekten gibt es im Gras? Mehr als Sterne am Nachthimmel. Das ist sicher. Aber bis zur Nacht ist es noch lang, und in der Luft steht reglose Hitze, in der die Laute zweifach und dreifach nachschwingen, und wenn man einen Moment anhält und lauscht, beginnt die Halluzination.

Als Kind hatte ich natürlich Angst vor Geistern, vor Toten und vor Boris Karloff. Aber am meisten Angst hatte ich vor der Mittagsfrau. In der Nacht – der Zeit der Geister und Vampire – lag ich normalerweise im Bett unter der Decke und war in Sicherheit. Doch die Möglichkeit, dass das Übernatürliche mir am helllichten Tag den Weg versperren könnte, erfüllte mich mit wirklicher Furcht. Die Furcht hatte einen süßen Geschmack. Es geschah meistens während der Ferien auf dem Land. Das Haus meiner Großeltern lag abseits. Man sagte: in der »Kolonie«. Die trockenen gelben Kornfelder standen reglos. Es schien, als strahlten sie Hitze aus und diese Hitze verschmelze mit der Glut der Sonne. Die Luft war heiß, eigentlich schon mineralisch. Sie glänzte in der Sonne wie Keramik, und man konnte sie anfassen. Ich ging ganz allein an den Rainen entlang. Die Farben der Kornblumen, Ackerraden und Mohnblumen waren fast schwarz von diesem hohen Licht. Nichts rührte sich, außer mir war niemand da. Aber die Landschaft schien den Atem anzuhalten. So wie ich den Atem anhielt, in Erwartung des Seltsamen, Unklaren und Schrecklichen, das kommen sollte. Ich hielt Ausschau nach den Mittagsfrauen. Ich wartete, dass sie auftauchten, heiß und tot zugleich. Schön und leichenhaft. Aber am meisten entsetzte mich die Leere des Mittags ringsum. Ich hatte Angst, weil ich allein mit ihnen sein würde. Ich atmete den staubigen Duft des reifenden Roggens und wartete. Vielleicht blieb ich sogar stehen und forderte das Schicksal heraus. Aber sie kamen nie. Ich ließ die öde, bis zum Äußersten verlassene Landschaft hinter mir und trat in die Kühle des Hofs, in den Schatten der hohen Pappeln.

Heute fürchte ich mich weniger vor Mittagsfrauen, aber vor Hitze reglose Tage erfüllen mich immer noch mit Bangen. Als könnte die angespannte Oberfläche platzen und das Innenleben der Welt entblößen. Im Moment mähe ich die Wiese, und außer der Glut hängt in der Luft der Duft der Gräser. Das trübt den Verstand. Ganz im Ernst. Licht, Hitze und Gerüche erreichen einen Zenit, ein Ende der Möglichkeiten. Lieber nicht daran denken, was danach kommen könnte, auf der anderen Seite. Ein Segen sind die vier Jahreszeiten hier, und wir Polen, die Bewohner dieser Klimazone, undankbar und dumm, jammern über die Wechselhaftigkeit des Wetters. Dabei ist das ein Schauspiel, eine Vorstellung von der Größe einer Oper oder einer Symphonie. Erinnert euch nur an die penetrante Langeweile eines langen Winters mit seinem Weiß, Grau und

Schwarz und der wochenlang gefrorenen Quecksilber-
säule. Das ist fast, als hätte der Tod sich die Landschaft
einverleibt. Man verliert die Hoffnung, dass die Welt je
wieder auftaut. Aber wie immer geschieht ein Wunder,
und das meteorologische Crescendo beginnt. Die Phä-
nomene überschlagen sich. Da schmuddelt es, taut,
planscht, weht, nieselt, stürmt, das Wetter gibt sich un-
vorhersehbar launisch und orientiert sich nur grob am
Kalender. Doch darin liegt eine Vitalität, eine Unver-
wüstlichkeit der Kräfte, eine ungezügelte Biologie, die
uns zur Verzweiflung treibt. Vor allem, wenn wir einen
Urlaub an unserem Meer gebucht haben. Aber schließlich kommt der Tag, der Mittag, da das Wetter den Gipfel erreicht. Es wird so vollkommen, dass nur noch ein
Schritt fehlt, und es wird sich in ein Überwetter verwandeln und in eine andere Dimension übergehen.
Dann werden die Mittagsfrauen in den Rainen erscheinen, aus den hohen Getreidefeldern treten, aus dem
blendenden Licht, und der Traum des Zwölfjährigen
wird sich erfüllen.

In ein paar Tagen ist Mariä Himmelfahrt. Der in Polen ebenfalls gebräuchliche Name »Mutter Gottes der
Kräuter« hat mich schon immer mehr angesprochen. Sicher wegen der Sinnlichkeit dieser Bezeichnung. Ent-
hält diese »Kräuterhaftigkeit« des Spätsommers doch
alles, was ich gerade zu beschreiben versuche. Das in-
tensive Licht, den Duft von gemähtem Gras, die Fülle
der Blumen in den Gärten, die Last der Reife, eine Art
süßer Endzeit, die Grenze zur Halluzination, und all das
in einer Hitze, zäh wie Honig. Und durch diese Landschaft, einerseits phantasiert, andererseits beispielsweise

in Podlasie oder den Beskiden angesiedelt, geht eine Frau, die Mutter Gottes. Sie schreitet langsam einher, mit natürlicher Grazie. Die »Mutter Gottes der Kräuter« hat immer, seit ich das Wort aus dem Mund meiner Großmutter hörte, in meiner kindlichen Phantasie das raschelnde Geräusch getrockneter Kräuter hervorgerufen. Als würde sie gehen und dabei die Garben, Kränze und Sträuße zertreten, die ihr jemand – das Volk, die Gläubigen? – zu Füßen geworfen hat. Und wenn sie so ging, Schritt für Schritt, Rascheln für Rascheln, da stieg aus diesen Kräutern unter ihren Füßen der narkotische Duft gemähter Wiesen auf. Nicht ausgeschlossen, dass sich damals, auf dem Weg zum Haus der Großeltern, in der Zeit, da die Schatten am kürzesten waren, die Muttergottes der Kräuter in der Phantasie des Jungen in eine Art Mittagsfrau verwandelte. Oder auch umgekehrt.

Tiziano Terzani starb im Sommer 2004. Vor kurzem ist in Polen sein letztes, posthumes Buch *Das Ende ist mein Anfang* erschienen. Es ist eine mehr als fünfhundert Seiten lange Aufzeichnung der Gespräche mit seinem Sohn Folco. Die Gespräche begannen im Frühjahr in seinem Haus im Dorf Orsigna und endeten in den letzten Tagen des Reporters. Terzani erzählt von seinem Leben. Kindheit, Jugend, erste Texte, erste Reisen. Dann das große Abenteuer: Asien. Vietnam, Japan, die Kurilen, Sachalin, Indien, aber vor allem China. Die Liebe seines Lebens. Halb liegend, mit einer Decke, den Blick auf die Berglandschaft gerichtet, rekonstruiert er sein Leben. Sehr krank, sehr schwach, im Bewusstsein, dass er bald sterben wird, kehrt er zu den vergangenen Tagen zurück, mit einer solchen Freude, als würden diese Tage ihn erst noch erwarten. In anderen Büchern von ihm, die ich gelesen habe, zum Beispiel »In Asien« oder *Un indovino mi disse* (Ein Wahrsager sagte mir), habe ich diese Kraft, dieses Feuer nicht gefunden. Vielleicht, weil sie hauptsächlich aus Texten bestanden, die für Zeitungen geschrieben wurden. Jetzt, ein oder zwei Monate vor seinem Tod, entsteht eine Erzählung voller Leidenschaft und Aufrichtigkeit. Terzani spricht über seine linken Ansichten, über seine Faszination vom kommunistischen China – und auch davon, dass er diesen Glauben verlor, dass er von der Revolution enttäuscht wurde. Er spricht von seinem Widerwillen gegen die Welt der Macht, gegen die Politiker, und vom Opiumrauchen, vom Glücksspiel, von asiatischen Bordellen, von seinen

Nervenzusammenbrüchen, von seiner Abneigung gegen die japanische Gesellschaft, die ihm unmenschlich erschien. In seiner Erzählung spielt die chinesische Kulturrevolution eine ebenso wichtige Rolle wie der chinesische Brauch, Grillen zu züchten: Die Chinesen züchteten sie im Winter, um ihren Gesang zu hören. Die Grillen lebten in winzigen Porzellanhäuschen, die ihre Besitzer in der Tasche trugen.

Später, als er sich die Frage stellt, warum er an all diesen Orten gewesen ist, warum er ihnen sein Leben geopfert hat, warum er all das getan, auf ein eigenes Zuhause verzichtet und all das beschrieben hat, findet er keine andere Antwort als die: »Weil es mir gefallen hat.«

Eine einfache und schöne Antwort. Vielleicht hat unser Dasein keinen anderen Sinn. Wir wandern durch die Welt, um von ihr zu erzählen. Und keineswegs, um sie zu erobern, zu verändern, zu erkennen und zu verstehen, sondern lediglich, um ihre Schönheit zu beschreiben. Eine Schönheit, die wir oft nicht begreifen können; doch wir spüren, dass sie in uns fährt mit der Kraft der ersten Liebe. Aufgedunsen, hilflos, von seinen Kindern gestützt, erzählt Terzani uns davon, dass am Ende nur das bleiben wird, was wir erlebt haben. Wenn wir sterben, verlieren wir alles. Aber wer weiß, vielleicht besteht gerade darin der Heroismus des menschlichen Schicksals. Je reicher, intensiver, stärker das Leben war, desto mehr übergeben wir dem Tod. Wir können unsere Tage unbeweglich in einer Ecke verbringen und zulassen, dass die Schönheit der Welt an uns vorbeigeht, vielleicht sterben wir dann mit weniger Wehmut. Wir haben die Wahl. Aber mit Terzani ist es noch einmal anders: Er hat sehr viel und sehr Schönes erlebt, und er stirbt ohne Bedauern. Er scheint zufrieden damit zu sein, dass sein Leben sich in dem Schicksal erfüllt hat, das ihm gegeben war. Der Inhalt hat die Form ausgefüllt wie das Wasser das Gefäß.

In der heutigen Zeit, die den Tod fürchtet wie der Teufel das Weihwasser, hat Terzanis Zeugnis besonderes Gewicht. Seine lebendigen und faszinierenden Erzählungen vom Vergangenen verflechten sich immer wieder mit dem Gegenwärtigen, mit dem Abschied, mit dem Sterben. Die Klugheit des Reporters verbindet die Kette des Lebens und den Faden des Todes zu einem starken, einheitlichen und schönen Gewebe. »Eine Kerze entzündet sich an der anderen«, sagt er an einer Stelle. Man könnte das für einen banalen Trost halten. Doch diese Worte spricht ein Mensch aus, der weiß, dass er bald erlöschen wird, ein Mensch, der sich des körperlichen Elends des Todes bewusst ist. Sein Sohn, der ihm hilft, sich zu setzen, sagt eines Tages: »Du riechst unangenehm.« Der Geruch Indiens, der betäubende Duft des Fernen Ostens und der Erinnerungen mischt sich mit dem Leichengeruch der Gegenwart.

Zugleich scheint Terzanis Tod ein fast idealer Tod zu sein. Er tritt zu Hause ein, bei den Angehörigen, in einer schönen Landschaft. Es ist ein dem heutigen Sterben trotzender Tod, weil er offen geschieht, mit vielen Zeugen, und dennoch seinen eigenen Sinn sucht. Ich habe den Eindruck, dass er ihn, indem er die Riffe und Sandbänke jeder Orthodoxie umschifft, schließlich auch findet.

Neulich hatte ich einen Traum. Ich träumte von der FSO, der Fabrik für PKW, in der mein Vater vierzig Jahre lang gearbeitet hat. Sie war die erste Fabrik nach dem Zweiten Weltkrieg, die Personenkraftwagen produzierte, und lange Zeit die einzige. Gebaut wurde sie 1951. Das erste dort produzierte Auto war die polnische Version des russischen GAZ M-20, genannt Pobeda, das heißt, Sieg. Die Fabrik nahm eine große Fläche an der Peripherie von Warschau ein und war wohl der größte Arbeitgeber in der Stadt und einer der größten in Polen. Aus gottverlassenen Dörfern kamen die Söhne und Enkel von Bauern an, um sich in Arbeiter zu verwandeln. Sie wurden von Dorfbewohnern zu Bürgern einer Stadt. So wie mein Vater. Manchmal erwarteten meine Mutter und ich ihn vor dem Tor der Fabrik. Um zwei Uhr nachmittags kam er heraus, zusammen mit den anderen. Er war jung und braungebrannt und trug ein kariertes Hemd mit aufgekrempelten Ärmeln. Dutzende, Hunderte junger Männer sahen so ähnlich aus. Ich kann mich erinnern, dass ihre Gesichter etwas wie Ruhe und Stolz ausstrahlten. Aber vielleicht bilde ich mir das nur ein. An dem grünen Kiosk aus Holz bestellte Vater für sich ein Bier und für uns eine Limonade. Wir tranken im Stehen. Ich schaute nach oben, gegen die Sonne, und sah seine dunkle Gestalt. Ich war sechs Jahre alt, aber bis heute kann ich mich an die Geruchsmischung erinnern: Schweiß, Müdigkeit, Bier, dunkler Tabak und dann die Fabrik, das heißt: bis zur Rotglut erhitztes Metall, Schmiere, Benzin und eine Luft, die vom

elektrischen Bogen der Schweißbrenner ionisiert war.
So roch die Welt der Männer. Täglich verließen sie im
Morgengrauen das Haus, tauchten in diese Welt ein,
saugten die Industrieaura auf und kehrten am Nachmittag wieder zurück. Einmal im Monat brachte Vater Geld
nach Hause. Er legte es vor meiner Mutter auf den
Tisch. Die Rückseite der Hundert-Zloty-Scheine zeigte das Bild eines Hüttenwerks oder einer Kokerei, vielleicht einfach eine idealtypische Fabrik. Ein rötlicher
proletarischer Schein umhüllte rauchende Schornsteine,
Bahngleise und eine schwarze Lokomotive. Eine Zeitlang war ich mir sicher, dass die Fabrik meinen Vater mit
Bildern von sich bezahlte, und diese Idee gefiel mir sehr.
Sie stand im Einklang mit der Ruhe, der Ordnung jener
Zeit – mit dem morgendlichen Aufstehen, der Rückkehr immer zur selben Stunde und dem allmonatlichen
Stapel von Geldscheinen auf dem Küchentisch. Ich war
stolz, dass Vater echte Autos produzierte. Die Kopien des
sowjetischen Pobeda waren geräumig im Innern und
rochen ein bisschen nach Benzin, der Rücksitz war riesig wie ein Sofa und das Armaturenbrett sah aus wie ein
Teil eines eleganten Möbels. In der zweiten Hälfte der
sechziger Jahre begann man in italienischer Lizenz den
Fiat 125p herzustellen. Er war im Vergleich zu seinem
Vorgänger schlank, vornehm und mondän. An heiteren
Frühlingstagen lagen Hunderte von Arbeitern nach der
Schicht am Ufer der Weichsel. Sie tranken Bier, spielten
Karten, gingen ins Wasser, schliefen in der Sonne ein
und zögerten so die Rückkehr in ihre engen Wohnungen hinaus. Einen proletarischen Brueghel, der ihr Leben verewigt hätte, hatten sie nicht. Damals schien es,

als würde es ewig so weitergehen, als würde Generation für Generation um sechs Uhr morgens in der Fabrik antreten, sie nachmittags um zwei wieder verlassen und jeden Monat einen Stapel roter Banknoten erhalten.

Mitte der siebziger Jahre ging ich in die Schule der Fabrik. Ich sollte das Schicksal meines Vaters wiederholen. Für ihn war das selbstverständlich. Nach drei Jahren verließ ich die Schule und das Haus und fuhr weit weg, um nie wieder zurückzukehren.

Mit dem Ende des Kommunismus begann der Niedergang der Fabrik. Sie ging nacheinander in koreanische, ukrainische und amerikanische Hände über. In letzter Zeit werden keine Autos mehr produziert. Die Hallen werden eine nach der anderen zerstört, die Grundstücke verkauft.

In meinem Traum neulich wanderte ich zwischen den Ruinen der Fabrik umher. Von den Gebäuden war fast nichts mehr übrig. Die Reste wurden von Grün überwuchert. Hier und da tauchte Wasser auf, das es vorher nicht gegeben hatte. Die Natur holte sich zurück, was ihr weggenommen worden war. Aus der Ebene wuchsen Hügel, weite, verschwommene Perspektiven öffneten sich. Ich spürte die Melancholie einer zu Ende gehenden Epoche. Im Traum war ich traurig über den endgültigen Fall des Kommunismus. Er verkam, zerfiel und verlor seinen Wert wie die rote Banknote mit der Fabrik. Bezeichnend ist jedoch, dass das Wohlwollen des Traums und der Erinnerung ihn der Natur übereigneten, dem Gestrüpp, den Schlingpflanzen und den Seen. Ganz so, als wollte ich ihn unbewusst vor der Rück-

sichtslosigkeit der Geschichte retten, vor seinem uner-
bittlichen Feind, das heißt dem globalen Kapitalismus,
der aus Korea kommt oder – welch Ironie – aus Rot-
china.

Aber offensichtlich ist das die Natur unseres Geistes
und Herzens: Sogar wenn wir träumen, versuchen wir
vor der Vernichtung zu retten, was wir erlebt haben.

Vor sieben Jahren habe ich aufgehört zu rauchen. Jetzt kann ich mich nur noch daran erinnern, und das tue ich mit fast der gleichen Freude, mit der ich früher geraucht habe. Achtundzwanzig Jahre Erinnerung, aber in Wirklichkeit sind es noch mehr, denn bevor ich selbst zu rauchen begann, hatte ich zugesehen, wie die Erwachsenen das machten: mein Vater, die Onkel, die Tanten. Mir scheint, zu jener Zeit, in den sechziger Jahren, haben alle geraucht. Überall roch man den würzigen, dunklen Tabak. Der helle Virginische Tabak tauchte erst später auf und kam nur in den teuersten Zigaretten vor. Alle rauchten den dunklen. Überall hing sein Geruch. In den Häusern, auf der Straße, in den Zügen. Die Busfahrer setzten sich in ihr Fahrzeug, starteten den Motor und steckten sich sofort eine Zigarette an. Man fuhr los, und über dem Kopf des Fahrers stieg eine graue Wolke auf und strömte in den Bus.

Ja, meine Kindheit war von Tabakrauch eingehüllt. Noch heute könnte ich ein Dutzend Marken aufzählen, die schon lange für immer verschwunden sind. Ich könnte genau beschreiben, wie die Schachteln oder Päckchen ausgesehen haben. Ich weiß noch, welche ohne Filter waren, welche mit Filter und welche mit einem archaischen Mundstück, das heißt einer Zigarettenspitze aus Karton. Ich kann mich erinnern, wie zwischen den grauen Produkten des Kommunismus Mitte der siebziger Jahre rote Marlboro-Schachteln und massive blaue Päckchen Gauloises auftauchten. In der harten Version hatten die Gauloises keinen Filter und waren dick wie

der kleine Finger. Während ich morgens auf den Bus
wartete, der mich zur Schule bringen sollte, rauchte ich
heimlich eine, und wenn der Bus eintraf und die Tür
aufging, stieg ich mit Mühe ein und musste mich sofort
setzen oder am Griff festhalten.

Aber meine treuesten Gefährten in den süßen An-
fängen der Sucht waren Zigaretten der Firma Arberia.
Sie schmeckten fürchterlich und stanken. Ich weiß bis
heute nicht, warum ich sie rauchte. Billig waren sie keineswegs. Sie wurden in Albanien produziert. Außer ihnen konnte man in Polen nichts Albanisches kaufen.
Aber ich glaube nicht, dass die Exotik des Albanischen
der Grund war, dass ich an diesem giftigen Aroma hing.

Die Welt der Erwachsenen war von Rauch durchtränkt.
In den Zügen war die Hälfte der Waggons für Raucher
bestimmt. Die zur Arbeit fahrenden Männer besetzten
vier Plätze, legten ihre Mappe auf den Schoß und eröff-
neten eine Partie eines unkomplizierten Kartenspiels.
Über ihren Köpfen verflochten sich graue Rauchbänder. Die Zigarette schuf augenblicklich eine Illusion
von Zuhause oder Kneipe. Zwar fuhren sie zur Arbeit,
aber sie verharrten so lange wie möglich in ihrer privaten Welt. In Bussen war es schlechter. Das Rauchen war
verboten. Aber während der letzten abendlichen Fahr-
ten glühten auf den hinteren Plätzen kleine rote Pünkt-
chen in der Dunkelheit. Es ist jedoch nicht ausgeschlossen, dass in Zeiten, in die mein Gedächtnis nicht zu-
rückreicht, das Rauchen in Bussen erlaubt war, denn es
gab Aschenbecher an den Sitzen.

Doch die höchste Auszeichnung, die einem Raucher

im Bus zuteilwerden konnte, war die Bekanntschaft mit dem Fahrer. So ein Glückspilz setzte sich einfach daneben, hielt ein Schwätzchen und rauchte fast offiziell, beinahe legal und vermengte seine Schwaden mit den Wolken des Fahrers.

Ich versuche mich zu erinnern, was in jener Zeit nicht nach Rauch roch. Mit Sicherheit die frische Luft. Vielleicht die Innenräume von Polikliniken und Krankenhäusern? Aber in deren gereinigter Atmosphäre war der Geruch, der von den rauchenden Ärzten ausging, umso deutlicher. Der dunkle Tabak drang tief in ihre Kleidung und ihren Körper ein, und in Behandlungszimmern und Fluren zogen sie eine Rauchfahne hinter sich her. Aber ich kann mich täuschen, denn überall, wirklich überall, in Behörden, Büros, auch in Krankenhäusern, in allen öffentlichen Einrichtungen standen Aschenbecher: aus verchromtem Blech, auf einem hohen, dünnen Bein, mit einem schweren Sockel. Ich glaube, sie waren im ganzen Land identisch. Egal ob in Militäreinheiten oder in Ministerien. Denn Rauchen war zu jener Zeit ein Zeichen des Egalitarismus. Es wäre niemandem in den Sinn gekommen, sich überlegen zu fühlen, weil er nicht rauchte. Kein Raucher fühlte sich diskriminiert oder als schlechterer Mensch. Außerdem kann ich mich nur mit großer Mühe an Personen erinnern, die damals nicht rauchten. Ich könnte sie an fünf Fingern aufzählen. Verfolgungen und soziale Schichtung nach Nikotinkonsum kamen wesentlich später.

Bevor wir zu rauchen anfingen – ich spreche von mir und meinen Altersgenossen – frönten wir einer Art

Tabakkult: Wir sammelten Zigarettenschachteln, aber nur ausländische. Anscheinend weckten diese Verpackungen in uns die Sehnsucht nach fernen, unzugänglichen Welten. Natürlich dominierte der Westen, all die Variationen von Philipp Morris, Marlboro, Chesterfield, Camel, Pall Mall, aber wir hatten auch exotische Exemplare aus Ägypten, Vietnam oder der Türkei in unserer Sammlung. Die mutigsten von uns brachen zum internationalen Flughafen auf, der auf der anderen Seite der Stadt lag, und machten dort kostbare Beute, indem sie oft einfach Ausländer ansprachen. All die Schachteln und weichen Päckchen wirkten weitaus stärker auf unsere Phantasie als die früher gesammelten Briefmarken. Sie zeigten uns eine ferne, beinahe märchenhafte Wirklichkeit und waren gleichzeitig ein Bild der sinnlichen, fast schon sündigen Welt der Erwachsenen, nach der wir uns sehnten.

Ich rauche seit sieben Jahren nicht mehr. Achtundzwanzig Jahre lang habe ich mit großem Vergnügen geraucht. Zum Schluss war ich bei drei Päckchen ohne Filter am Tag. Jetzt kann ich länger atmen und habe mich an den Morgenkaffee ohne Zigarette gewöhnt. Wahrscheinlich werde ich ein bisschen gesünder sterben. Doch ich blicke mit Wehmut auf die dahinschwindende Welt des Tabakrauchs. Und ich gelobe mir immer noch, dass ich in – sagen wir – fünfzehn Jahren, wenn ich es erlebe, zu meiner Sucht zurückkehren werde. Denn tief im Innern bin ich glücklich, dass meine Kindheit und Jugend in Zigarettenrauch gehüllt waren.

Ein-, zweimal im Jahr muss ich hinfahren. Ins Heimatdorf meines Vaters. Das ist im Osten Polens, in der Nähe
der weißrussischen Grenze. In dem abgelegenen Haus
lebt noch meine Tante, die Schwester meines Vaters. Sie
ist Witwe und lebt allein. Sie hat zwei Söhne, und jeder
von ihnen würde sie gern zu sich in die Stadt holen.
Aber die Tante will nicht. Sie wohnt lieber allein in dem
abgelegenen Haus, in ihrem Anwesen mit Blick auf die
Kiefernwäldchen, die verlassenen, zu Ruinen zerfallenden Gehöfte und das andere Ufer des Bug. Das Anwesen besteht aus einigen in einem Geviert angeordneten
Gebäuden. In alten Zeiten, an die ich mich immer besser und deutlicher erinnere, herrschte in dem sandigen
Innenhof ein lebhaftes ländliches Treiben. Rotbraune
Kühe gingen aus dem Stall auf die Weide, Hühner
scharrten in der Erde, Schweine nahmen Sonnenbäder,
das Pferd, das Privilegien und eine gewisse Freiheit ge-
noss, spazierte bedächtig umher und nickte im Schatten
der hohen Pappeln im Stehen ein. An den Hof grenzten
ein Bienenstand und ein Garten, von dem ich mich
hauptsächlich an das Tabakbeet erinnere. Ich verbrachte
ganze Tage damit, die sich verändernden Konstellatio-
nen der Tiere und ihrer Schatten zu beobachten. Hühner, Hunde, Schafe, Katzen, die in sonnigen Flecken
saßen. Der Geruch des erhitzten Sandes, des Heus und
des Pferdestalls. Ich war ein Stadtkind, aber diese Bilder
und Gerüche prägten mich hundertmal stärker als die
Landschaften Warschaus. Deshalb kehre ich dorthin zu-

rück, sooft ich nur kann. Der Innenhof ist jetzt von
Gras überwachsen. Außer einem Hund und ein paar
Hühnern gibt es keine Tiere mehr. Die Söhne und Enkel der Tante bringen aus der Stadt Ableger von Blumen
und setzen sie an alle freien Stellen. Das Anwesen gleicht
einem Garten, aber es ist kein Leben mehr da. Der Tier-
geruch fehlt. Alles ist unbewegt. Über der ganzen Gegend liegt absolute Stille. Auf der sandigen Straße fährt
den ganzen Tag kein Fahrzeug.

Ich bin Anfang August dort gewesen, zur Verklärung
des Herrn, denn da ist der Feiertag der Pfarrgemeinde,
das heißt Kirchweih. Der größte ländliche Feiertag im
Jahr. So war es immer: feierliche Messe, dann der Jahrmarkt vor der Kirche, Buden mit buntem Schrott,
Schießstände, wo man Blumen aus gefärbten Federn
gewinnen konnte, eine Lotterie, Stände mit Süßigkeiten
und Eis, ein Paradies für Kinder und Jahrmarkt der
Wunder. Einfach ein volkstümlicher Feiertag, an dem
sich die Religion in angemessenen Proportionen mit
Magie und Kommerz mischte. Und abends Vergnügun-
gen in der Remise: Da spielte Musik, die Jugend tanzte,
und an den Wänden saßen alte Frauen in Kopftüchern
und achteten darauf, dass alles im Einklang mit den Sitten verlief. Sie saßen da, kommentierten und mahnten
wie der Chor in der griechischen Tragödie. Hin und
wieder gingen die Jungs hinaus in die Dunkelheit, um
einen Mädchenkörper oder etwas Alkoholisches zu kosten oder einfach einen Faustkampf auszutragen.

Diesmal gab es keinen Schießstand und keine Lotterie. Ein paar Stände boten chinesischen Plastikramsch
an: deutsche MP, amerikanische Ingram, italienische

Franchi SPAS. Käufer gab es eigentlich nicht. Unsere Tochter, der ich so viel von diesem seltsamen Feiertag und meiner privaten Kindheitsmythologie erzählt hatte, entdeckte im Gras sofort ein Deal pack, das heißt ein leeres Amphetamin-Plastiktütchen. Am helllichten Mittag direkt neben der Kirche sahen wir einen bis zur Hüfte nackten, blutüberströmten Jungen. Er suchte seine Kollegen. Kurz danach kamen sie ihm zu Hilfe, zu viert in einem alten Auto. Kahlrasiert, muskulös, mit Gesichtern, in denen dörfliche Gutmütigkeit mit chemisch reinem Hass gemischt war. Sie parkten zwischen den Bäumen in der Nähe des Flusses, ließen die Tür auf und zogen los, um sich zu rächen.

Vor der Kirche berieten sich, nervös und unsicher, einige ältere Männer und versuchten eine Entscheidung zu treffen, aber es blieb ihnen nichts anderes übrig, als die Polizei zu rufen. An der Wand sitzende alte Frauen mit schwarzen Kopftüchern gab es nicht, und in der Dunkelheit verbargen sich keine Jungs. Ich versuchte meiner Tochter das alles zu erklären, erzählte ihr, dass es früher wirklich anders gewesen sei, und dass ich die Wahrheit sagte, wenn ich über die alten Zeiten redete. Aber Antonina meinte nur: »Lass uns gehen, Papa.« Und so gingen wir zum Anwesen der Tante zurück, wo aus der Stadt mitgebrachte rote, gelbe und blaue Blumen blühten.

Ich war fünfzehn, als ich zum ersten Mal von daheim abgehauen bin. Ich wollte zu einem Konzert. Wir wohnten an der Peripherie von Warschau, und in unserem Arbeiterhaus hörte man höchstens populäre Lieder. Wir hatten einen Plattenspieler der Marke Bambino – eine graue Kiste mit (vermutlich) einem zwei-Watt-Lautsprecher – und ein paar Schlagerplatten. Das kleine Radio spielte noch leiser, aber mit dem Ohr am Lautsprecher konnte ich bis tief in die Nacht ein paar Sender hören, die etwas anderes als Lieder und Klassik brachten. Doch um auf mein erstes Rock-Konzert zu gehen, musste ich von zu Hause abhauen und von dem Viertel am Stadtrand mit Bus und Straßenbahn ins Zentrum fahren, wo in einem Zirkuszelt die holländische Band Livin' Blues spielen sollte. Ich hatte keinen Groschen bei mir. Sie fingen schon an, und ich hörte diesen mächtigen Bassklang, den man eigentlich mehr spürt als hört. Ich spürte ihn also zum ersten Mal im Leben, und nur der Stoff des Zeltes trennte mich von ihm. Aber ich hatte keinen Groschen bei mir. Ich duckte mich einfach und schlüpfte unter der steifen, kalten Zeltplane durch. Niemand bemerkte mich. Es war Abend, ich spürte, dass das Gras vom Tau feucht war. Dann sah ich Dutzende von Beinen über mir. Die Zirkusbänke fielen wie in einem Amphitheater zur runden Arena ab. Man schrieb das Jahr 1975. Es war nach Mitternacht, als ich heimkam. Mein Vater tobte.

Ich las Bücher und hörte Musik. Die Bücher bedeuteten Einsamkeit. Süße Entfremdung, Träumen im

Wachzustand. Musik hörte man zusammen, über Musik unterhielt man sich, Musik teilte man. Zum Beispiel die Fetische westlicher Platten, die im Kommunismus fast unerreichbar waren. Jedenfalls waren ihre Schwarzmarktpreise zehnmal höher als die Preise der in den Warschauer Läden zugänglichen Platten. Bis heute überkommt mich ein Schauer, wenn ich die ersten Takte von Jimi Hendrix' *Hey Joe* höre. Das war die erste Platte, die ich gemeinsam mit ein paar Freunden kaufte. Sie ging jahrelang von einem zum anderen, bis sie so glatt geworden war, dass die Nadel über sie hinweg glitt wie über schwarzes Glas.

Konzerte gab es nicht, Platten gab es nicht, der Rundfunk rationierte und zensierte die Rockmusik. Also lebten wir in der Phantasie. Aus Splittern, Fragmenten, Fetzen bauten wir uns eine alternative Welt, in die wir einziehen konnten. Dadurch konnten wir die Welt unserer Eltern verlassen, die keine Ahnung von *Hey Joe*, von Jimi Hendrix, Bob Dylan und all den Dingen hatten, die für uns wichtiger und wirklicher waren als das tägliche Leben. Im Übrigen wurden sie bald zu unserem täglichen Leben. Ich gehe in Gedanken zu jener Zeit zurück und sehe deutlich, wie wir unsere Eltern verraten, wie wir ihr Leben verlassen, um nie wieder zu ihm zurückzukehren. Wie hilflos wir unsere Väter zurücklassen, die den ersten Takten von *Hey Joe*, der Mundharmonika von Bob Dylan oder der heiseren Stimme von Janis Joplin lauschen. Sie waren nicht imstande zu begreifen, was mit uns geschah. Und wir verrieten sie einfach, indem wir die Illusion wählten statt des echten Lebens, in dem sie versunken waren, das ihr Werk und zugleich ihr ganzer Stolz war.

Literatur und Rockmusik warfen mich aus der Bahn.
Eines Tages stellte sich einfach heraus, dass es im Leben
wichtigere Dinge gab als Schule, Elternhaus, Vernunft
und Sorge um die Zukunft. Stärker sogar als der Selbst-
erhaltungstrieb. Ich hatte einen Freund, mit dem ich
nachts Ladendiebstahl beging. Ja, wir sind einfach eingebrochen und haben das Bargeld mitgenommen, das
in der Kasse war. Manchmal nahmen wir auch ein paar
Flaschen Alkohol mit. Wir fühlten uns ein bisschen wie
Piraten oder edle Räuber, schließlich waren die Läden
Eigentum des kommunistischen Staates, also führten
wir eine Art Enteignung durch. Das Geld gaben wir für
unverschämt teure Platten aus dem Westen aus. Die
Platten hörten wir und tranken dazu den gestohlenen
Alkohol. *Imagine* von John Lennon wird für mich immer
den Geschmack des moldawischen Brandys *Belyj Aist*
haben.

Zu jener Zeit war die Rockmusik tatsächlich ein
Zeichen von Rebellion. Und wir – als naive provinziel-
le Geister – nahmen das wörtlich. Ein Freund von mir
behauptete eines Tages, er könne so gute Musik nicht
auf einem so armseligen Gerät hören: Er hatte einen
Mono-Plattenspieler, und die Tonqualität war nicht viel
besser als bei einem Telefonhörer. Er machte sich in der
Nacht allein auf ins Zentrum, um – als wäre es das Nor-
malste auf der Welt – in einen Laden mit elektronischen
Geräten einzubrechen und eine anständige Stereoanla-
ge zu erbeuten. Die Miliz erwischte ihn, und er verbrachte zwei Jahre im Gefängnis. Als er herauskam, war
er ein anderer Mensch. Jedenfalls ging unsere Freund-
schaft in die Brüche.

Ein paar Jahre später fand ich mich selbst im Gefängnis wieder. Anfang 1981 desertierte ich aus der Armee. Mit Rockmusik hatte das scheinbar nichts zu tun. Aber nur scheinbar. Der Militärdienst war damals Pflicht und dauerte zwei Jahre. Ich wollte nicht – niemand wollte – zur Armee. Ich hatte lange Haare, hörte Bob Dylan und las Samisdat-Ausgaben von Ginsberg. Im Alter von sechzehn Jahren verließ ich die Schule, führte ein freies Leben und gehörte zum Abschaum der Gesellschaft. Ich trampte, trank, las und hörte Musik. Daraus schuf ich mir eine Art naive Privatreligion. Die Musik nahm in diesem Glaubensbekenntnis die wichtigste Stelle ein. Manchmal fühlte ich mich wie eine der epischen Figuren von Bob Dylan. Ich brachte es fertig, im Laufe eines Jahres vierzigtausend Kilometer zu fahren. Polen erwies sich als recht großes Land. Ich stieg von einem Lastwagen in einen PKW um, vom PKW in einen Lieferwagen. Im Winter fuhr ich schwarz mit dem Zug. *Like a Rolling Stone.* Auf der Jagd nach der wunderbaren, flimmernden, hypnotisierenden Materie der Welt. Eine Generation früher hätte ich mich sicher wie eine von Rimbaud erfundene Gestalt gefühlt, aber ich wurde ungefähr zu der Zeit geboren, als Bob Dylan zu singen begann.

Während der sieben Monate in der Armee fühlte ich mich wie ein Verräter. Der einzige Akt des Widerspruchs war eine mehrtägige Verspätung. Und später in der Uniform, mit einer sowjetischen Kalaschnikow auf dem Truppenübungsplatz, begriff ich, dass ich dabei war, mein eigenes Leben zu verraten. Ich spürte, dass ich all die Bücher verriet, die ich gelesen hatte, dass ich die

Schallplatten verriet, dass ich die Freunde verriet, mit
denen ich Musik gehört und an diese Musik geglaubt
hatte. Eines Tages verließ ich einfach die Kaserne und
kam nicht mehr zurück. Nach zwei Monaten erwischte
mich die Militärpolizei. Als ich ins Gefängnis ging, hatte ich Angst, aber ich fühlte mich wieder frei. Ich pfiff
ängstlich vor mich hin, aber gleichzeitig spürte ich ganz
klar, dass alle, die in den Uniformen, die mit den Ma-
schinenpistolen am Gürtel, die auf den Wachtürmen,
mir den Buckel runterrutschen konnten.

Wir im Osten sind naiv, arglos und leichtgläubig.
Die Ideen kommen zu uns, und wir glauben an sie wie
an die Wahrheit. Wir glaubten an den Kommunismus
und gingen für ihn ins Gefängnis. Dann glaubten wir an
den Antikommunismus und ließen uns in seinem Namen zu Hunderten und Tausenden einsperren. Ich ließ
mich für die Rockmusik einbuchten und kehre in Gedanken gern zu jenen Tagen zurück. Wenn ich mich
müde fühle und sich anstelle der Phantasie die Vernunft
einstellt, gibt mir das Kraft.

Es war Spätnachmittag, und ich wollte eigentlich nicht mehr fahren, aber ich raffte mich auf. Ich pumpte das Hinterrad noch etwas nach, und los ging's. Wie immer runter zur Straße, links zum Ende des Dorfs, bis zur ersten Furt. Dann mit dem Lauf der Zawoja. Ich schob das Fahrrad über die Steine. Es hatte lange nicht geregnet und der Fluss war seicht. Das letzte Haus lag hinter mir, jetzt hatte ich nur ein verlassenes Tal vor mir. Auf einem flachen, geraden Abschnitt beschleunigte ich, aber gleich drosselte ich das Tempo wieder, weil ich links, hinter dem Fluss, Hunde hörte: ein hohes, jaulendes Kläffen. So bellen sie, wenn sie die Spur von Wild wittern oder es umzingeln. Das waren Janeks Hunde. Janek hat Vieh, einige Dutzend Stück, die auf den ausgedehnten, an den Wald grenzenden Wiesen weiden, also müssen es diese Hunde sein. Ich ließ das Fahrrad stehen, überquerte den Fluss und entdeckte sie auf einer tiefliegenden, sumpfigen Wiese zwischen Weiden. Sie standen in einem Dreieck und ließen dieses Bellen oder auch Winseln hören. Auf gekrümmten Beinen drängten sie nach vorn, aber zugleich schien ein unsichtbarer Strick sie zu halten, ein immaterielles Halsband. Oder die straffe Luft hielt sie zurück. Drei schwarz und braun gefleckte Promenadenmischungen, ein wenig kleiner als deutsche Schäferhunde. In einem Dreieck mit fünf bis sechs Meter langen Seiten. Sie drängten ins Zentrum dieser Geometrie und schreckten zugleich zurück. Lauernd, die Zähne gebleckt, zitternd.

Er stand zwischen ihnen. Rotbraun, getüpfelt, unbe-

wegt. Gute zehn Zentimeter größer als die Hunde.
Schlank, königlich. Ein Luchs. Manchmal bewegte er
sich ganz leicht, um sie alle im Auge zu haben, was
schwer war, denn der dritte war immer hinten, im toten
Winkel. Aber offensichtlich spürte er diesen dritten instinktiv, denn er behielt die ganze Zeit die Position im
Zentrum des Dreiecks bei und kam keinem der Feinde
zu nahe. Ich stand in einer Entfernung von zehn Metern oder näher. Natürlich bemerkte er mich, aber er
machte keine ängstliche oder voreilige Bewegung. Das
Raubtier, das womöglich zum ersten Mal einen Menschen sah, zeigte weder Angst noch Überraschung. Der
Luchs war schön. Die tiefstehende Sonne brachte jede
Einzelheit seiner Gestalt deutlich hervor. Er hatte große
träumerische Augen, die in einem relativ kleinen Schä-
del lagen. Der Rumpf erschien zierlich, fast zerbrechlich. Aber die Pranken waren mächtig. Hin und wieder
machte er einen halben Schritt auf einen der Hunde zu,
als wollte er ihre Entschlossenheit prüfen oder sie zu
einer unüberlegten Reaktion provozieren. Aber es waren eben nur halbe Schritte, halbe Gesten. Die Hunde
waren schrecklich aufgeregt, sie tobten, heulten, warfen
sich nach vorn und prallten an einer unsichtbaren
Scheibe ab. Im Vergleich zu ihnen erschien der Luchs
als unerschütterlicher Meister des Energiehaushalts. Als
hätte er jede Kalorie, jeden Sekundenbruchteil und jeden Zentimeter berechnet. Luchse sind schwache Läufer. Sie ermüden schnell. Hunde, eine Hundemeute,
jagen wie Wölfe im Lauf, töten spontan. Wenn er sich
angeschickt hätte zu fliehen, wäre er wahrscheinlich
umgekommen. Woher wusste er das? Ich weiß nicht.

Aber er sah aus, als wisse er alles. Golden schimmernd in der späten Sonne, im grauer werdenden Grün des ausgehenden Sommers leuchtend wie eine Vision. Wenn die Hunde für einen Moment verstummten, wenn die Stimme sie verließ, hörte man ein tiefes, eintöniges Brummen. Die Vision bestand doch aus einem Körper, aus bis zum Äußersten angespanntem Fleisch.

Schließlich griff einer der Hunde an. Es geschah unglaublich schnell. Eigentlich bemerkte ich es gar nicht. Im Bruchteil einer Sekunde später lag der Luchs auf dem Rücken, zog mit den Vorderkrallen den Hund zu sich und versuchte mit den hinteren, ihm den Bauch aufzuschlitzen. Aber die beiden anderen griffen ebenfalls an, und ein schwarz-rotbraunes Knäuel wälzte sich zwischen den Kletten. Nach ein paar Sekunden stand das Raubtier wieder reglos da, und die zur Seite geworfenen Hunde lauerten, die Bäuche an der Erde. Mit heraushängenden Zungen keuchten sie. Dem Luchs war nichts anzumerken. Wieder berechnete er die Entfernungen, die Kräfte, die Sekundenbruchteile. Wie eine schöne, warme, lebendige Maschine. Ich stand ein paar Schritte entfernt und zählte absolut nicht in diesem Spiel. Einige lange Minuten konnte ich das freie wilde Tier betrachten, auf dem Höhepunkt – könnte man sagen – seiner Freiheit und Wildheit.

Schließlich begann er zu begreifen, dass er gewinnen würde. Ohne Eile drehte er sich um und ging in leichtem Trab auf das Gestrüpp zu. Doch die Hunde sprangen ihm nach und versuchten ihn in einem toten Flussarm zu erwischen. Wieder erstarrte er und wartete auf die Attacke. Ich verlor die Tiere für einen Moment aus den Augen. Ich hörte sie herumwirbeln, wieder dieses tiefe, fleischige Brummen, über dem Dickicht glänzten silbrige Wasserspritzer, einer der Hunde begann zu winseln, und es wurde still. Ich ging in die Richtung. Der Luchs war schon aus dem Wasser heraus und kletterte ohne Eile ans gegenüberliegende Ufer. Die golden schimmernde Vision verschwand zwischen Kletten und Minze.

Die Hunde waren halbtot. Bis zum Bauch wateten sie in dem toten Flussarm und schlabberten das grünliche Wasser. Sie sahen ziemlich verunsichert aus. Einer war blutverschmiert. Das Blut lief ihm aus dem angerissenen Ohr. Einem anderen sickerte Blut aus der Hinterpfote.

Wie lange mochte es gedauert haben? Fünf Minuten? Sieben? Es war wie ein Traum. Schön und grausam. Ich hatte nie zuvor gesehen, wie das Wilde dem Domestizierten so nahe kam. Die müden Hunde schauten mich mit resigniertem, menschlichem Blick an. Und ich schaute der goldenen Flamme des Raubtierkörpers nach, die im Grün erlosch.

Es beginnt mit den Schatten. Sie werden länger. Die Sonne steigt nicht mehr so hoch, der Bogen ihrer Wanderung wird flacher. Die Formen treten stärker hervor. Die Hitze lässt nach, die Flachheit der Landschaft, charakteristisch für die Sommertage, verschwindet. Juli und August sind eigentlich die langweiligsten Monate des Jahres – wenn man die Tage nicht zählt, an denen Gewitter heranziehen. Abgesehen davon ist der Sommer eintönig, das Grün wird langsam grauer, das hohe Licht quält den Menschen und bewirkt eine Art Blindheit, denn die dritte Dimension der Landschaft, ihre Tiefe, nehmen wir nur morgens und abends wahr. Bis plötzlich der September kommt, und wie zum Ruhm des Kalenders, wie zum Ruhm der eigenen Existenz ist der erste Septembermorgen kühl und neblig. Doch von oben dringt zart ein graublaues Licht durch – ein Zeichen, dass es ein heiterer Tag wird.

September, der Anfang vom Ende. Dank der tief stehenden Sonne erscheint die Welt deutlich und klar, materieller, denn die Schatten sind schwer, dunkel von Feuchtigkeit, und liegen lange. Sie verdoppeln die Wirklichkeit. Nach der Schlichtheit des Sommers wird die Landschaft jetzt mehrdeutig. Der Morgennebel weicht langsam, zuerst sieht man nur ein paar Meter, dann immer weiter, und schließlich enthüllt sich der bekannte Anblick, bis zum Bergrücken des Uherec. Aber während dieser einen Stunde oder länger sind wir keineswegs sicher, dass das Bekannte in seiner alten Form wiederkehrt.

Manchmal schlafe ich auf der Terrasse. Gegen Morgen weckt mich die Kälte. Ich ziehe den Reißverschluss
des Schlafsacks hoch, öffne im Halbschlaf die Augen
und schaue mehr oder weniger nach Südosten. Links
hat sich die Dunkelheit schon etwas verkrochen, und
hinter der Rundung der Erde, hinter der Biegung des
Kontinents steigt das Licht auf. Noch ganz schwach,
noch kalt, silbrig, aber schon mit Rot durchwoben. An
dieser Stelle, am Ausgang des Tals, zieht die Nacht sich
wie Rauch. Oben, fast im Zenit, hängt wie ein Span der
Mond im letzten Viertel. Gleich daneben, links, etwas
östlicher, leuchtet die Venus. Zwei- oder dreimal heller
als der Satellit. Ganz so, als bestünde sie nicht aus
Mineralien, sondern wäre nur ein Ort, ein Riss im
Schwarz der Nacht, durch den eine uralte, übernatürliche Helligkeit dringt. Als wäre dort etwas, von dem wir
am Tage nichts ahnen, als bräuchten wir die Kälte eines
Septembermorgens, um es für einen Bruchteil der Zeit
wahrzunehmen. Es ist tatsächlich kühl, ich schmiege
mich in den Schlafsack, döse ein, aber der Schlaf ist
seicht, unbeständig, weil die Gedanken sich nicht von
der allmählichen Veränderung der Landschaft lösen
können, weil ich mich immer wieder umsehen und
nach dem entstehenden Licht schauen muss, das sich
wie Staub mit dem Nebel mischt und Formen oder
Phantasmagorien aus dem Zwielicht befreit, so unwirklich, dass es schade wäre zu schlafen, schade, die Zeit zu
vergeuden, denn diese Konstellation, genau dieses Spiel
von Gold, Grau, Halbblau, dieses einmalige Wunder
wird sich nicht wiederholen.

September also. Der Anfang vom Ende. Die letzte

Anstrengung der Welt, bevor sie allmählich zu erlöschen beginnt, zu Asche wird, erstirbt. Ein heroischer Monat. In den Gärten eine Fülle von Farben und Früchten. Es flimmert geradezu in den Augen von all den Rottönen, dem Orange, Gold, Violett, Lila, von diesem Apfelglanz, der in der Sonne blendet wie Hunderte von Lichtflecken und zum Blinzeln zwingt. Und wie sich die Äste biegen bis fast zum Bersten, bis sie fast zusammenbrechen wie der Mensch unter einer Last, die über seine Kräfte geht.

Und so liege ich mitten in diesem September, mitten in meinem Land, im Schlafsack, auf Brettern, die nach Rohöl direkt aus der Grube riechen, lausche und stelle mir vor, was sich in den Gärten, auf den Wiesen und in den Wäldern tut. In all dem versunken, leicht benebelt, betäubt von der Schönheit und der Verzweiflung der letzten hellen und warmen Tage, bevor sie vergehen, bevor Dunkelheit und Kälte sie verschlucken, bevor wir sterben werden. Nie sieht man das Leben deutlicher als im Herbst, nie ist es schöner. Und nie fällt es leichter, sich mit dem Tod abzufinden als im Karneval des Herbstes. Das denke ich in meinem Schlafsack, in meinem Land, mit dem schwarzen Uherec im Blick, der das Tal abschließt.

Ich horche, wie die Bullen röhren. Einer, ein zweiter, dritter, fünfter. Dieses Jahr hat die Brunftzeit früh begonnen. Sie haben nicht auf den ersten Bodenfrost gewartet. Dieser Laut ist so mächtig, als käme er irgendwo aus dem Innern der Erde und des Wassers. Beinah wie von einem Wal. Die Tiere sind so verblendet, dass man bis auf einige Schritte an sie herankommt. Ich habe das

in mondhellen Nächten ausprobiert. Fast blind stapfen
sie, als gingen sie ihrem Untergang entgegen, auf der
Suche nach Rivalen und Weibchen. Man hört das Kra-
chen von Ästen, das Dröhnen der Erde, wenn sie sich
beeilen, um mit allem fertigzuwerden, bevor der Herbst
zu Ende geht.

Im Jahr 1956 ist Paweł Jasienica nach China gefahren. Seine sechswöchige Reise hat er in dem Buch *Das Land am Jangtse* beschrieben. Eine Neuauflage erschien 2008, und wenn mich mein Gedächtnis nicht täuscht, blieb sie ohne großes Echo. Das ist schade, denn das Buch ist interessant, es hat im Lauf der Zeit an Gewicht gewonnen und sich mit neuem Sinn aufgeladen.

Von der Geschichte befreit, erweist Jasienica sich als vorzüglicher Prosaist. Die Materie der Welt, die Landschaft, der Geschmack der Wirklichkeit, kurzum das Leben, setzen ein Polnisch von höchster Qualität bei ihm frei. Es liest sich, als schaute man das alles an. China hat eine ungewöhnliche Sinnlichkeit der Sprache geweckt. Von einem chinesischen Schutzengel geführt und begleitet, wandert der Autor durch das Land, aber wir haben den Eindruck, er reise allein und sehe alles, was er sehen will. Es ist das Ende des Jahres 1956, Mao führt gerade eine drastische Landwirtschaftspolitik ein, ein drakonisches System von Zwangsabgaben. Mit dem Export von Lebensmitteln will er den Aufbau eines Atomstaats finanzieren, der in Zukunft zur weltweiten Hegemonialmacht werden soll. Doch bei unserem Schriftsteller fällt auf zweihundertfünfzig Seiten kein einziges Mal das Wort »Kommunismus«, kein einziges Mal wird der Name des chinesischen Führers erwähnt. Überhaupt ist es schwer auszumachen, in welchem System wir uns befinden. Irgendwo fallen die Begriffe »Ex-Kapitalist« und »Ex-Landbesitzer«. Abgesehen davon machen wir eine Reise durch eine faszinierende Utopie.

Die Macht der chinesischen Geschichte ist mit der gigantischen Anstrengung für einen Wandel verflochten.
Jasienica kann den Blick nicht von der Landschaft wenden, von dem materiellen Zeugnis der Geschichte, in
den vorbeiziehenden Bildern liest er sowohl die Vergangenheit als auch die Zukunft des Landes. Wie der beste
Prosaist lässt er sich auf ein Detail, ein Fragment, eine
Eigenschaft, auf das augenblickliche Wetter ein. Irgendwo trifft er im Dezember auf unverhoffte Hitze, das gibt
ihm Gelegenheit zu beobachten, aus wie vielen Schichten die Kleidung des Fischers besteht, dem plötzlich
warm geworden ist, das aber führt zu Gedanken über
das Heizungssystem der chinesischen Häuser auf dem
Land, zu dessen Beschreibung und dann wiederum zu
einer allgemeinen Reflexion über die Stärke und den
spartanischen Charakter des chinesischen Volkes überhaupt. Jasienica taucht mit Lust in China ein und findet
für diese Lust eine Sprache, die dem Leser geradezu
physische Freude bereitet.

Nun gut. Aber was ist mit dem Kommunismus? Warum existiert er nicht in dem Buch? Schließlich kommt
der Schriftsteller aus dem Land an der Weichsel, die
Kommunisten selbst haben ihn nach China geschickt,
und er weiß Bescheid. Woher also die Zurückhaltung in
politischen Dingen? Und warum erscheint kein einziges Mal der Name Mao, obwohl er doch sonst immer
und überall präsent ist? Irgendwo gibt es eine kleine
Anspielung, dass die Bildnisse der Führer billig und kit-
schig sind, dagegen die chinesische Kunst in ihrer Größe ... Eine derart clevere Propaganda? Loben, ohne zu
benennen? Überzeugen, ohne zu irritieren? Verführen,
indem man die Wachsamkeit einschläfert?

Denn wie auch immer – Jasienicas Bild von China ist verführerisch. Es ist utopisch, doch zugleich von Fakten gesättigt. Die Dinge geschehen wie auf einem anderen Planeten, aber es gibt das Fleisch der Erzählung: da sind die Dorflandschaften, die Qual der Menschen und Tiere, eingespannt in Göpel und archaische Bewässerungsgeräte, die gebeugten Rücken, die halbnackten Körper, Armut, Anstrengung, der absurde Heroismus in den zerstörten, öden Landschaften unter dem gleichgültigen Himmel des Ostens. Das Bild eines kleinen grauen Esels, der mit verbundenen Augen ein Wassertretwerk in Gang setzt, das seit Jahrhunderten an dieser Stelle steht, verwandelt die Propaganda in eine Erzählung.

Denn es ist leichter, an eine Utopie zu glauben, die in einem schönen, fernen Land entsteht. Selbst (oder vielleicht vor allem) dann, wenn wir diese Utopie auch bei uns erfahren haben. Es ist leichter zu glauben, dass es anderen gelingen wird, weil sie die Kraft und die Möglichkeiten haben und die Utopie nötiger brauchen. Weil sie einfach dafür geschaffen sind. Auf Reisen, auf fremder Erde, arbeitet unser Geist anders. Unsere Phantasie ist mit mehr einverstanden. »Vielleicht werden sie es ja schaffen?« Ist es doch »woanders«, und unsere Maßstäbe gelten dort nicht. Denn was war letztlich unsere Utopie, wenn nicht eine traurige Nachahmung, ein ferner Widerschein, eine Imitation, leicht und klanglos wie eine Falschmünze? Nicht die Größenordnung, nicht die Möglichkeiten, nicht dieser kosmische Plan. Aber wenn man einen Esel mit verbundenen Augen sieht, der über einen tausendjährigen, im Kreis laufenden Pfad trampelt, dann ist es leichter, zu glauben und einverstanden zu sein.

Ich weiß, was ich sage. Ich war in China. Eine Woche lang sah ich mir an, wie der Kommunismus sich in Kapitalismus verwandelt. Von überallher schaute Mao. Von Wänden, von Banknoten, von T-Shirts. Zugleich sah Peking ringsum aus wie Manhattan, nur noch heftiger. Wie ein Manhattan, das größer und höher werden würde. Und später, als ich durch die Steppe nach Norden fuhr, sah ich, wie die Erde sich auftat und inmitten des Nichts fertige Millionenstädte entstanden. Ich schaute und sagte: »Ja. Sollen sie das machen. Sollen sie die Welt bis zur Unkenntlichkeit verändern, da sie solche Kraft und solchen Willen haben.« Und ich bedauerte, dass ich es nicht erleben würde und es mir nur vorstellen konnte.

Denn fern von zu Hause sind wir eher mit dem Weltuntergang einverstanden, in der Hoffnung, dass er nicht in unsere Gegend vordringt. Es sei denn als Imitation, die dann wie immer im Sande verläuft.

Die Helden der *Kreuzritter* von Sienkiewicz sprechen Góralisch, die Sprache der Bergbauern. Offensichtlich teilte der Schriftsteller die Meinung seiner Zeitgenossen, die Góralen seien ethnisch die reinsten Polen. Sie hätten in ihrem Dialekt und ihrer Kultur eine Art Ur-polentum in unangetasteter Form bewahrt. Dass sie zumindest teilweise die Nachfahren von Wanderhirten aus dem Balkan, aus den rumänischen Karpaten sind, störte niemanden. Nicht ausgeschlossen, dass dieses Wissen damals der Allgemeinheit nicht zugänglich war. Von den Góralen selbst ganz zu schweigen. Zwar stammen all die *kierdle, żentyce, puciory* und *redyki*, Wörter für Schafherden und Viehaustrieb, eher aus dem Rumänischen oder gar Walachischen, aber darüber sprach man nicht. Versuche übrigens einem Góralen zu sagen, er sei Rumäne ...

Die Góralen selbst – ein äußerst unternehmerisches Völkchen und nicht auf den Kopf gefallen – reagierten jedenfalls umgehend auf diesen Bedarf an Mythologie. Sie wurden doppelt góralisch und erzpolnisch und bauten das Malerische noch etwas aus, um in den Augen der nach starken Emotionen dürstenden Städter möglichst gut dazustehen. Es waren sowohl nationale als auch ethnographische Emotionen. Man kann sagen, die Góralen haben die Konjunktur gewittert und etwas Einzigartiges kreiert. Ein unnachahmliches Markenzeichen. Das taten sie zwar nach einem Projekt von außen, aber sie nutzten dafür viele Elemente ihrer eigenen Tradition, das heißt, ihren typischen Stock, die *ciupaga*, ihre Stickereien, ihre Räubermärchen und Geschichten im

Stil des Sängers und Erzählers Sabała. Es gibt in unse- rem Land keine zweite Gruppe, die eine so vollendete Mischung aus realer Existenz und mythologischem, ästhetischem Projekt wäre. Die Góralen sind in gewisser Weise eine Fiktion, die stärker geworden ist als die Wirklichkeit. Sie bekamen Ende des 19. Jahrhunderts ihre Chance und nutzten sie meisterhaft. Talent ist schließlich erblich.

Die Sache beginnt schon viele Kilometer davor. Irgendetwas Unangenehmes passiert mit der Landschaft. Polen ist rücksichtslos, es hat uns zu vielem gezwungen und an vieles gewöhnt, aber irgendwo zwischen Szaflary und Biały Dunajec hat man das Gefühl, dass man ein Extra-Polen betritt, ein doppeltes, dreifaches Polen, ein Hardcore-Polen. Das Ausmaß, in dem der Seitenstreifen der Straße Nr. 47 visuell zugeschissen ist, lässt an ein absichtliches, geplantes und präzise durchgeführtes Verbrechen an der Landschaft denken, eine Vergewaltigung des Wunders der Welt, die wir geschenkt bekommen haben. Wenn das Wetter gut ist, kann man in der Ferne die Berge sehen, diese paar wirklich felsigen Gipfel, die wir vom Schicksal oder der Geschichte erhalten haben, um sie zu bewundern, um im Schatten ihrer Schönheit Schutz zu suchen. Doch wir müssen sie durch einen obskuren Albtraum hindurch betrachten, durch den unbeschreiblichen Müll, mit dem beide Seiten der Straße zugestellt sind. So haben wir uns die große Welt vorgestellt, und so haben wir sie gebaut: aus Draht, Metallträgern, Folie, Sperrholz, Farbe, Blech und Plastik. Und jetzt fahren wir durch ein gescheitertes Tal Joschafat, und die Augen bluten uns von diesem widerlichen Gelaber, von dieser penetranten Anmache – Apartments, Almhütten, Góralen-Tänze, Presskopf für 6,50, dort für nur 5,00, Paintball und Shitbull, Hosen, Zäune, hier die Salzgrotte, da die Scheißhöhle, dies, jenes und noch was, Meter für Meter, Plane für Plane, Streifen für Streifen, Plakat für Plakat, Trugbild für Trugbild, verdammt noch mal, in den Abgrund der Erschwinglichkeit, in die Grenzenlosigkeit des Angebots, die Unendlichkeit der Befriedigung samt Erfüllung.

Und dann kommen wir in der Stadt an, in die einst die herausragenden Geister der Epoche pilgerten (die diese Stadt in gewisser Weise erfunden haben), wir stellen das Auto irgendwo ab und begeben uns in die Hauptstraße. Aber da gibt es keine Straße. Es gibt lediglich die Fortsetzung der Straße Nr. 47, nur ohne Autos. Der farbige Schrott ist noch mehr geworden, er hat sich konzentriert, ist kondensiert und fließt über Wände, über Fensterscheiben, über Bäume, Dächer, Treppen, Zäune, über alles. Nichts, gar nichts mehr ist hinter diesem Aussatz zu sehen. Hinter »Hähnchen für 5,60«, hinter »Musik von 20.00 bis 22.00« und »das dritte gratis«.

Denn Talent verliert sich nicht. Talent erbt man und passt es dem Bedarf an. Vor gut hundert Jahren gab es einen Bedarf an nationaler Identität, angereichert mit ethnographischer Exotik. Heute wollen wir, dass alle unsere Wünsche in Erfüllung gehen – vor allem für 7,50 oder 9,99, denn so ist es auf der ganzen Welt, das wissen wir genau, und endlich gehören wir auch zu dieser Welt. Vor allem am Fuße des schönsten Gebirges, in der hässlichsten Stadt Polens, unter den Bewohnern mit dem weltweit größten Unternehmergeist.

Deutschland bedeutet eben ein Leben unterwegs und
nirgends länger als zwei Tage an einem Ort. Vergnü-
gungspark. Achterbahn. Ständig automatische Türen.
Ständig das diskrete pneumatische Geräusch. Auf dem
Bahnhof, im Zug, im Bus, ständig umsteigen und die
Minuten auf den weißen Bahnhofsuhren zählen oder
warten, bis auf der großen schwarzen Tafel *Departures*
das grüne Lämpchen für den Flug leuchtet, der dich in
alle Richtungen bringt, wo der Schriftstellerpfeffer
wächst. So war es zuletzt in Frankfurt auf dem Rückweg
nach Hause. Der Ausgang B52 lag in den Kasematten,
ganz unten, dort wartete man auf Krakau. Daneben warteten die Rumänen auf ihren Flug nach Cluj. Im selben
Keller. Ich hatte zwei Stunden und ließ mich nicht einsperren. Ich ging nach oben. Der Frankfurter Flughafen
ist okay. Ein echtes Babylon. Man hört das Geräusch der
sich bewegenden Menschenmenge, und jede Sekunde
ertönt das Piepsen eines elektronischen Lesegeräts. Jede
Sekunde kauft jemand etwas in diesen großen, nach allen Seiten offenen Duty-free-Läden. Jede Sekunde
kaufte ein Japaner eine Flasche Wein für fünfzig Euro,
ein Südkoreaner eine Handtasche für seine Frau für
zweitausend und irgendwelche Chinesen einen grünen
Johnny Walker für, sagen wir, dreißig und ein paar Zer-
quetschte. Ja, jede Sekunde kaufte jemand etwas, packte
es in eine Tüte und lief zu seinem Jumbo oder Airbus
nach Tokio, Kapstadt oder zum Tien'anmen. Nach
Mumbai, nach Dubai, nach Tierra del Fuego, überallhin,

nur in die Antarktis flog an diesem Tag nichts. Jede Sekunde ein Piepsen, die Plastiktüte und rennen, damit man's schafft, unterwegs noch rasch die Kamera draufhalten und per Telefon die Dokumentation der interkontinentalen Abenteuer in die Welt klicken. Und diese Flugzeuge: gigantisch, mit Schädeln wie Delphine, mit riesigen Aufschriften auf dem Rumpf in Türkisch, Chinesisch, Sanskrit, Kamerunisch, Eskimo und Papua, träge in Richtung der Startstreifen kreisend wie vollgefressenes Vieh, mit dem Schein der letzten Sonnenstrahlen auf dem rundlichen Rücken, als würden sie von irgendwelchen Hightech-Weiden kommen. Und dann erheben sie sich brüllend in die Luft, um im Himmel zu verschwinden und in einer Gegend zu landen, wo man den Wein aus dem Duty-free-Shop trinkt und Tausende Digitalfotos von den Innenräumen der Terminals des Frankfurter Flughafens anschaut. Solchen schönen Reflexionen gab ich mich hin. Zwei Stunden Pause.

Vor ein paar Jahren habe ich das Rauchen aufgegeben, also blieb jetzt nur das Beobachten. An jenem Tag konnte ich auch keinen Jim Beam trinken, weil ich abends Auto fahren musste. Ich hielt Ausschau nach Russen und Chinesen. Den Polen lauschte ich. Einer brachte die Beine durcheinander und sagte in seiner Alkoholekstase zu sich selbst: »Mann, hab ich mich volllaufen lassen!« Aber die übrigen, die hundertzwanzig anderen Polen innerhalb dieser zwei Stunden, gaben sich europäisch enthaltsam. Die Asiaten sahen in europäischen Anzügen allerdings etwas komisch aus. Wie verkleidete Kinder. Sie trugen diese Anzüge wie Uniformen. Vielleicht dachten sie, mit Hilfe eines Anzugs könnten sie in der europäi-

schen Menschenmenge verschwimmen? Stimmt: Diese
Erzählung ist voller Vorurteile. Ich bin der Meinung, die
Asiaten sollten in ihren eigenen Kleidern nach Europa
kommen. So wie die schönen Frauen aus Indien. Und
die schönen Frauen aus Afrika. Doch sie quetschen sich
in die grauen Dinger und sehen aus wie eine Armee
von Robotern. Die Japaner sollten aussehen wie Samu-
rais, die Japanerinnen wie Geishas. Die Chinesen sollten
aussehen wie Chinesen, mehr nicht. Die orthodoxen
Muslime haben allerdings mehr Klasse. Wie auch die
Russen. Sie steigen aus einer großen Tupolew, ihre Pässe
werden schon an der Tür überprüft, aber sie machen
sich nichts draus, lauthals brüllen sie in der Sprache
Puschkins und Tolstois, und man sieht sofort, dass sie die
Klamotten von Armani und Prada nur aus Jux angezogen haben, um die europäischen Grenzschützer zu ver-
wirren, als kleines Täuschungsmanöver auf dem Weg zu
den Kasinos von Monte Carlo, wo sie einen Teil des
Bruttonationaleinkommens ihres Landes verschleudern,
oder auf dem Weg zu den Britischen Inseln, wo sie
Manchester United sowie Liverpool kaufen und mit
Cash bezahlen wollen, das sie in drei Koffern mitge-
bracht haben. Andere dagegen sehen aus, als seien sie
aus heruntergekommenen Kolchosen geflohen. Dick
und abgerissen. Sie rauchen und stehen in den *smoking*
areas mit diesen Staubsaugern, die den Rauch einsaugen.
Sie rauchen und betrachten das Babylon ringsum wie
eine zukünftige Beute. Sie sind schließlich nicht von
hier, aber trotzdem möchten sie das alles haben, den
Cognac für dreihundert Euro die Flasche, die Unterho-
sen für fünfhundert und die Mützen für tausend. Klar,

jeder möchte das haben, aber sie scheinen zu denken, dass es ihnen einfach zusteht. Wie ich schon sagte, diese Erzählung ist voller Vorurteile, und ich habe keineswegs die Absicht, das zu verbergen. Wenn man so viel Zeit auf dem Frankfurter Flughafen verbringt, dann muss man doch in eine Diskussion mit dem Rest der Welt treten und nach dem Platz und der Bestimmung der einzelnen Völker, Nationen sowie der Zivilisation überhaupt fragen dürfen.

Ich war damals auf dem Rückweg von Graz. Am Morgen hatte ich noch einen Spaziergang in der Herbstsonne gemacht. Im Laufe von zwei Stunden begegneten mir etwa fünfzehn Bettler. Manche sahen nach einheimischen Schlitzohren aus, Sklaven von billigem Wein oder Heroin. Sie bettelten im Gehen. Sie kamen auf mich zu und sagten, sie bräuchten einen oder zwei Euro für ein Telefonat. Oder sie versuchten zu erraten, woher ich kam, und gaben mit bruchstückhaften Kenntnissen einiger europäischer Sprachen an, um den Satz mit der Bitte zu beenden, ich möge sie beim Kauf einer Rückfahrkarte nach Hause unterstützen. Ich fühlte mich ein bisschen demaskiert, ein bisschen entblößt, denn sie hielten mich eher nicht für einen Österreicher. Um die Sache nicht komplizierter als nötig zu machen, sagte ich, ich sei aus Russland, und half ihnen mit einer kleinen Summe aus. Die gleiche Nummer wie auf der ganzen Welt: Sie möchten unbedingt nach Hause, aber es fehlt das Geld für die Fahrkarte. Vor drei Jahren schmückte ein stark angetrunkener Kollege aus dem kroatischen Rovinj seine Erzählung vom Wunsch heimzufahren auf slawisch-dramatische Art mit der Geschichte aus, man habe ihn zwei Minuten zuvor bestohlen. Aber außer diesen aktiven österreichischen Bettlern gab es auch passive, sitzende, mehr traditionelle. Für meinen Blick zugewanderte: aus dem slawischen Raum, vom Balkan. Schwarze Kopftücher, bittende Gesten, alt wie die Welt, wiegende Bewegungen, meisterhaft ausgestreckte und erstarrte Hände von geradezu Dürer'scher Zeichnung. Und diese ewigen Gestalten saßen auf den Kirchentreppen. Doch die Kirchen waren geschlossen. Fest verschlossen war die Stadtpfarrkirche in der Herrengasse, das weiß ich noch. Sogar die Steinstufen des Haupt- und des Nebeneingangs sahen aus, als würden sie selten benutzt. Aber sie saßen da. Zu dritt. Vor einer toten Kirche. Und sie sahen aus, als kämen sie direkt aus der Epoche der Barmherzigkeit und des Almosens. Auch vor der Kathedrale saßen sie. Die war offen, aber da gingen hauptsächlich japanische Touristen hinein, weil der Eintritt Geld kostet. Nicht ausgeschlossen, dass die Tokioter Globetrotter den bosnischen Witwen und ukrainischen Faulenzern größere Spenden zuteilwerden ließen als die österreichischen Christen. Ja, das alte österreichisch-ungarische Kaiserreich forderte hier seinen Tribut. Alle Nationen sollten hier betteln. Auch die Polen, und ob, die aus Galizien, die Slowaken, die Tschechen, die Rumänen und Slowenen, die Kroaten, die Italiener aus Tirol und aus Triest. Alle k.u.k. Untertanen, die Zigeuner natürlich nicht ausgeschlossen, sollten betteln, aber nicht vor den Kirchen. Sie sollten vor der österreichischen Nationalbank betteln, ganz einfach. Und sie sollten etwas bekommen.

Dieser Ansicht war ich, als ich nach zwei Stunden ins Hotel zurückging, das mit Johnny Walker ausgestattet war, denn Jim Beam hatten sie irgendwie nirgends. Ich machte das Fenster weit auf, kickte die Schuhe weg, schenkte mir ein Glas ein und legte mich aufs Bett, um über das germanische Phänomen nachzudenken. Das machte ich immer in den Hotels, die sie mir spendierten: Ich öffnete eine Flasche und dachte über das germanische Phänomen nach. Ich wollte nicht undankbar sein, und ich wollte nicht auf typisch slawische Art die – wie dem auch sei – germanische Zeit verplempern. Und dann wurde es Mittag in Graz, und die Glocken begannen zu läuten. Ich lauschte und rief mir die Töne aller deutschen Glocken in Erinnerung, die ich noch im Gedächtnis hatte, die Glockentöne aller hundertachtzig germanischen Städte und Dörfer, in denen ich gewesen war. Ich erinnerte mich an alle hundertachtzig germanischen Zimmer, in denen ich Jim Beam oder Johnny Walker getrunken und die Glocken gehört hatte. Romanische, gotische, Renaissance- und Barockglocken. Zweifellos waren infolge der Tätigkeit der Alliierten einige von ihnen Nachbildungen, aber ich lauschte ihnen trotzdem, wie man echten Glocken lauscht. Ich horchte, wie sie aus der Tiefe der Jahrhunderte zu mir sprachen. Ich horchte, wie ihre einzelnen Töne sich zu einer Symphonie des Christentums fügten. So war es zum Beispiel in Aachen, wo ich die Reliquien Karls des Großen beweinte, die im Presbyterium des Doms liegen. Ich beweinte sie im Hotel Hesse am Marschiertor, das einen Kilometer südlich der Kirche und ganz in der Nähe des Bahnhofs liegt. So hatte ich mir das ausgedacht:

eine Huldigung für den ersten der Karolinger, ohne die Europa eine Eskimosprache oder Libysch sprechen und sich zum Totemismus bekennen würde. Speziell dafür war ich hierhergekommen und ging ins erste Stockwerk des Hotels in der Friedlandstraße 20. Ich schenkte mir ein Glas Jim Beam ein, legte mich aufs Bett und beweinte die einstige Größe. Schließlich konnte ich ja schlecht flennen, während ich mich auf dem Hühnermarkt herumtrieb. Ich hatte immer noch die Warnungen von Freunden in den Ohren, in Deutschland werde man für öffentliches Weinen festgenommen und in eine Therapie geschickt. Und so machte ich es überall. Ich beweinte die große deutsche Vergangenheit hinter verschlossenen Türen. In Augsburg zum Beispiel im Dom-Hotel in der Frauentorstraße 8. Dom bedeutet Kathedrale. Es war sauber und ordentlich sowie auf protestantische Weise karg, obwohl es mitten in Bayern lag. Nicht einmal eine Minibar im Zimmer. Außerdem Sonntag. In der Hauptstraße war alles geschlossen wie in einer orthodoxen Vision der Begehung eines Feiertags. Sogar die Laternen waren gedämpft. In einem schönen Weingeschäft war jemand zugange. Im Schaufenster entdeckte ich eine Flasche Wein aus dem Burgenland. Aber der Mann drinnen räumte nur auf, und auf meine schüchterne Bitte erstarrte er und sagte:

»Es ist Sonntag, und wir sind in Bayern.«

Am Mittwoch ist mein Onkel gestorben.

Er lebte in einem Dorf im Osten Polens. In meiner Kindheit und frühen Jugend verbrachte ich dort immer die Ferien. Ich war zwar ein Stadtkind, aber ich fühlte mich bei den Verwandten zu Hause. Als wäre ich dort geboren. Mein Vater kam von dort. Das Dorf lag am Steilufer. Unten floss der grüne, launische Bug. Im Sommer fiel das Wasser, und Sandbänke tauchten auf. Zusammen mit den Jungen vom Dorf ging ich zur anderen Seite hinüber, oder wir schlugen auf den kleinen Inseln ein Lager auf. Auf demselben Fluss legte mein Vater als Kind seinen Schulweg ins Nachbardorf zurück: Im Winter, wenn der Bug zugefroren war, schnallte er die Skier an und lief ein paar Kilometer flussaufwärts. Während des Zweiten Weltkriegs war der Bug die Grenze zwischen den Besatzungszonen – der deutschen und der sowjetischen. Mein Onkel war damals Schmuggler. Mit Booten schmuggelte er nachts Industrieprodukte auf die sowjetische Seite und kam mit Spiritus zurück. Auf dem Hof meines Großvaters waren Deutsche stationiert. Ihre militärische Ausrüstung hatten sie im Obstgarten versteckt und mit großen Tarnnetzen bedeckt. Die Familienlegende sagt, sie hätten sich sehr anständig verhalten. Sie tauschten ihre Armeerationen gegen frische Milch und Eier. Am 22. Juni 1941 im Morgengrauen verschwanden sie. Ich glaube, man bedauerte im Dorf sogar ein wenig, dass sie gingen. In meiner Kindheit waren diese Erinnerungen und Legenden noch sehr lebendig. Sie vermischten sich mit der Gegenwart und hatten etwas Magisches.

Mein Onkel ist also am Mittwoch gestorben. Die
Beerdigung war am Montag. Es schneite ein bisschen.

Die Trauermesse fand in einer kleinen Holzkirche statt. Diese Kirche war vor hundert Jahren eine griechisch-orthodoxe Kirche. Mein Onkel war einundachtzig und seit einem Jahr schwer krank, der Tod kam nicht überraschend. Sein ganzes Leben lang war er eine wichtige Person in der Familie gewesen. Der kleine, agile Mann befand sich immer im Zentrum der Ereignisse. Seine Ruhe und Klugheit, sein diskreter, selbstironischer Humor bewirkten, dass sich alle zu ihm hingezogen fühlten. Während der Beerdigung und danach offenbarte sich diese Anziehungskraft noch einmal. Aus allen Ecken des Landes kam die Familie zusammen, Menschen, die sich manchmal seit Jahren oder Jahrzehnten nicht gesehen hatten. Nach der Beerdigung, als wir an den langen Tischen saßen, verwandelte sich die – wie man meinen müsste – traurige Feierlichkeit in ein ruhiges Familienfest. Sogar die Witwe, meine Tante, wirkte versöhnt und nicht verzweifelt. Ebenso die zwei grau werdenden Söhne, die Enkel und der Rest der verzweigten Familie. Die Trauergäste aßen, tranken selbstgemachte Obstschnäpse und freuten sich, dass sie beieinander waren. Hinter den dunklen Fenstern fiel ein früher Schnee. Einige Verwandte erkannte ich eher instinktiv. So sehr hatten sie sich verändert und waren alt geworden. Wir erinnerten uns und lächelten einander zu. Die kleine, zerbrechliche Gestalt des Onkels erschien in diesen Erinnerungen auf ganz natürliche Weise, ohne Pathos, frei von Wehmut und Verzweiflung. Mir fiel ein, wie der schon schwächer werdende Onkel ein Jahr zuvor geklagt hatte, dass alle seine früheren Freunde schon gestorben seien. Da sagte die Tante ganz ruhig: »Hab keine Angst. Sie warten auf dich.« Und sie blickte bedeutungsvoll zur Decke.

Ich schreibe diesen, wie es scheinen könnte, ganz privaten Nachruf nicht aus einer Laune heraus. Ich möchte damit sagen, dass der Tod uns manchmal seinen Sinn offenbart. Er bewirkt, dass wir uns treffen und uns auf eine Art und Weise freuen, dass wir zusammen sind, wie es ohne diesen Tod nicht möglich gewesen wäre. Und dort, im fernen Dorf meines Onkels, der sowjetischen Spiritus über den Fluss geschmuggelt hatte, begriff ich, dass der Tod uns im Leben recht nützlich sein kann.

Seit ich mich erinnern kann, lässt mein Nachbar dienstags immer sein altes Auto an und fährt in die fünfundzwanzig Kilometer entfernte Stadt. Die Stadt ist nicht
groß, sie zählt etwa dreißigtausend Einwohner, liegt am
Fuß der Karpaten und war immer das Geschäfts- und
Verwaltungszentrum für die umliegenden Dörfer. Dienstags findet auf dem großen Platz am Fluss ein Markt
statt. So war es schon vor zehn, zwanzig, fünfzig und
hundert Jahren. Zu diesem Markt fährt mein Nachbar.
Genauso wie sein Vater und sicher auch sein Großvater.

Ich erinnere mich, dass man noch vor etwa fünfzehn
Jahren auf dem Markt Tiere kaufen konnte. Dienstags
wurden Ferkel, Kälber, Hühner und Enten gebracht. In
Säcken gab es Getreide und Futtermittel. Es wurden
Pferdegeschirre verkauft, einfache Werkzeuge für die
Landwirtschaft sowie Alltagsgegenstände, die in jedem
Haushalt gebraucht werden: Rechen, Eimer, Gabeln,
Äxte und so weiter. Über diesem Ort mitten in der
Stadt hing einmal in der Woche Dorfgeruch.

Jetzt ist davon nichts mehr übrig. Der Markt riecht
nach chinesischen Textilprodukten. In der Sonne stinkt
es nach Gummi und Plastik. Die Kundschaft – wie
mein Nachbar – ist dieselbe geblieben, aber es gibt hier
fast nichts mehr, was der Landwirtschaft dienen könnte.
Was die Tiere betrifft, so kann man allenfalls einen Wel-
pen edler Rasse erwerben, der sich später als ganz gewöhnliche Promenadenmischung erweist. Dagegen liegen unerschöpfliche Mengen Kleider und Schuhe an
den Ständen aus. Hunderte von Schnitten und Farben.

Anzüge, Damenkleider, Jeans, Hochzeitskleider, Mäntel, Unterwäsche, kurzum alles, was der Mensch für jede Gelegenheit von der Taufe bis zur Bestattung braucht. Und alles ist billig. Nie zuvor hat es so billige, so mannigfaltige und natürlich auch so schäbige Waren gegeben. Fünfzig Cent für ein paar Socken ist schließlich ein gegen null tendierender Preis. Schuhe für drei Euro. Ein Anzug für dreißig. Und die Kunden sind Leute, die sich noch gut an die Zeit erinnern, als der Kauf von Kleidung und Schuhen eine ernsthafte finanzielle Anstrengung bedeutete. Sie erinnern sich sogar an Zeiten, da man im Sommer einfach barfuß ging.

Von den Tieren also keine Spur mehr. Mit Arbeit und Produktion verbundene Gegenstände existieren ebenfalls kaum noch. Dafür gibt es einen Stand mit Gewürzen aus aller Welt. Und einen, wo für zwei Euro Parfüms verkauft werden, deren Namen auf seltsame Weise an die Namen bekannter internationaler Marken erinnern. Oder einen Stand mit Attrappen von Schusswaffen. Zahlreiche Stände mit Schmuck aus goldenen und silbernen Metallplättchen und bunten Glasteilchen – sicher nahmen frühere Reisende, die in ferne, unerforschte Länder aufbrachen, solches Glitzerzeug mit. Oder Stände mit Musik an der Grenze von Volksmusik und Disco. In diesem unermesslichen Reichtum von Farben und Formen spazieren Massen von Menschen umher, die noch bis vor kurzem in einer Welt des permanenten Mangels lebten. Und jetzt wurden sie plötzlich, ohne Vorwarnung, in eine Welt geworfen, in der das Hauptproblem die Wahl zwischen einer Ware und der anderen ist. Ihre Eltern oder sogar sie selbst erinnern sich noch an die Zeit, da Hunger eine allgemeine tägliche Erfahrung war. Jetzt müssen sie sich der Erfahrung stellen, dass alles im Überfluss vorhanden und allgemein erschwinglich ist.

Wenn ich so über meinen Markt schlendere, kann ich mich des Eindrucks nicht erwehren, dass wir auf eine Epoche zusteuern, in der wir die Dinge umsonst bekommen werden. Auf eine perverse, postkapitalistische Weise wird die kommunistische Utopie Wirklichkeit werden. Die Verdammten dieser Erde werden endlich bekleidet, gesättigt und ins Schlaraffenland geführt werden, wo der chinesische Billigkram herrscht – synthetische Stoffe und Plastikschmuck.

Ich liebe meinen Markt am Fluss. Er ist ein hervorragender Ort, um über die Veränderungen in der Welt nachzudenken. Noch vor fünfzehn Jahren hat er das Lokale symbolisiert, Unabhängigkeit oder sogar Autarkie. Heute trägt er wie ein fliegender Teppich Massen von Menschen direkt in die Postmoderne. Wuchtige Landfrauen probieren goldschimmernde Schühchen mit zehn Zentimeter hohen Absätzen an. Kahlrasierte Jungs, die den lokalen Dialekt sprechen, nehmen Imitationen der israelischen Uzi in die Hand und wiederholen Gesten, die sie im Kino abgeguckt haben. Über dem ganzen Markt hängt der Duft nachgemachter Parfüms und exotischer Gewürze. Wie auf allen anderen Märkten der Welt.

An jenen Abend kann ich mich immer noch erinnern. Bekannte waren bei uns, und wir saßen bis spät am Tisch. Mitternacht war längst vorbei, als ich auf die Wiese ging, um die Tiere zusammenzutreiben. Einen Teil hatte ich schon vorher hergetrieben, es blieben nur noch die Schafböcke, die angekettet waren. Zwei lagen ruhig und vollgefressen da und käuten wieder. Im Licht der Lampe sah ich sie deutlich. Der dritte lag ein Stück weiter, aber irgendwie flach und reglos. Ich trat näher und merkte, dass es nur der halbe Schafbock war, genauer gesagt, sein vorderer Teil an der langgezogenen und angespannten Kette. Er war noch warm. Ich steckte die Hand hinein. Die Eingeweide waren noch da. Nicht einmal zerrissen. Der große, schwere, mit Inhalt gefüllte Magen war unangetastet geblieben. Es war seltsam, etwas noch Warmes, aber schon Erstarrtes zu berühren. Nur das Fleisch war verschwunden. Die zwei Schinken waren enthäutet worden, übrig waren nur die Knochen mit Resten von Sehnen. Wenn es ein einzelner Wolf gewesen war, musste er mehr als zehn Kilo gefressen haben. Vielleicht waren es also doch mehrere gewesen. Ich fasste die erkaltenden Reste an und schaute mich um, aber ich sah nur die Nacht. Vielleicht waren sie irgendwo dort in der Dunkelheit, hinter dem Bach lauernd, der leise rauschte; durch dieses Geräusch erschien die Dunkelheit noch undurchdringlicher. Es war möglich, dass sie dort geduldig warteten, bis ich wegginge und sie wiederkommen und ihre Sache zu Ende bringen könnten. Aber das Seltsamste an der ganzen Situa-

tion war nicht das Blut, die Dunkelheit oder der Ver-
dacht, dass sie oder er mich beobachteten. Das Seltsamste waren die beiden anderen Schafböcke. Sie lagen da
und kauten. Mühelos hätten sie die Ketten zerreißen,
die Pflöcke aus der Erde ziehen können. Das hatten sie
schon oft aus wesentlich banaleren Gründen getan.
Aber sie lagen da. Ein weißer und ein schwarz gespren-
kelter. Fünfzehn Meter weiter hatten Raubtiere ihren
Gefährten aus derselben Herde, ihren Artgenossen oder
vielleicht sogar Verwandten zerrissen, und sie lagen da,
in ihre Schafseinsamkeit, ihre Gleichgültigkeit versunken. Sie – derart ängstliche Tiere. Sollte es so sein, dass
das Wehrlose, wenn das Raubtier, wenn die Bestie
kommt, noch wehrloser wird? Dass die Natur ihre eigene Herrin ist und wir längst und für immer ihr Reich
verlassen haben, obwohl wir uns noch immer danach
sehnen?

Das ist vor vielen Jahren geschehen, als wir in der
Einöde lebten. Jetzt wohnen wir in einem Dorf und
haben wieder eine kleine Herde Schafe. Das Dorf ist
nicht groß, die Straße hört hier auf, weiter kommt nur
noch Wald. Janek sagt, er habe gehört, wie am Fuß des
Uherec die Wölfe heulten. Michał, der sein gutes Dutzend Schafe bis zum Einbruch von Frost und Schnee in
einem Gehege unter freiem Himmel hält, schießt zur
Abschreckung jeden Abend eine Leuchtrakete ab. Mal
der eine, mal der andere will gesehen haben, wie sie
vorbeihuschten, wie sie am Waldrand auftauchten und
gleich wieder im Dickicht verschwanden. Im Wald
kann man die Reste gelungener Jagden finden: Knochen und Fetzen eines Reh- oder Hirschfells. In neb-

ligen und dunklen Nächten lasse ich im Hof Licht an, wenn ich meine vier nicht einsperre. Ich achte darauf, dass einer der Hunde draußen ist. Der Hof ist umzäunt, aber was bedeutet es schon für einen Wolf, ein Schaf zu reißen und einen anderthalb Meter hohen Zaun zu überspringen. Oder – wie in jenem Sommer – die übrigen zu hypnotisieren. Man kann nur hoffen, dass der Hund der Hypnose eher nicht unterliegt.

Im Haus ist es hell, der PC rauscht leise, ich kann in jeder Sekunde mit der Welt in Verbindung treten und in Erfahrung bringen, wie viel ein Wolf auf einmal fressen kann. Etwa zehn Kilo, aber seine Speiseröhre ist außergewöhnlich dehnbar. Indessen bewegt sich an der Grenze unseres Lichts und der Dunkelheit, die nicht zu uns gehört, das Raubtier. In gleichmäßigem, ausdauerndem Trab sucht es nach einem Durchgang und hält nach Beute Ausschau. Es erscheint, wenn wir nicht mehr daran denken. Aber im Grunde genommen hoffen wir die ganze Zeit, dass das Raubtier kommt, dass die Bestie erscheint. Wenn nicht aus dem Wald, nicht aus der Dunkelheit, dann kommt es irgendwann aus uns selbst, aus unseren Eingeweiden, um uns Schmerz zuzufügen und schließlich den Tod zu bringen. Deshalb rufe ich immer wieder das Bild der zwei Tiere herbei, die so ruhig dalagen, als eines von ihnen getötet wurde. Und ich erinnere mich an die Berührung des warmen Inneren, aus dem schon das Leben entwichen war. Es war weder noch. Jedenfalls holte ich damals das tote und die lebenden Schafe dort weg, und am Morgen begrub ich die Reste. Als hätte ich doch kalte Füße bekommen.

Vor einiger Zeit war ich in einer polnischen Pfarrge-
meinde in Sibirien zu Gast. Es war ganz am Rand von
Russland, dahinter kam das Altaigebirge und dann die
Mongolei. Ich verbrachte drei Tage bei – sagen wir –
Pfarrer Marek. Kein einziges Mal sah ich ihn in der
Soutane. Er trug Zivil- bzw. eigentlich Arbeitskleidung.
Er baute eine bescheidene kleine Kirche und sprühte
vor Energie. Er beaufsichtigte die Arbeiter, schleppte
Materialien an, maß, rechnete, legte überall Hand an
und war die ganze Zeit in Bewegung, in einem mit
Kalk verschmierten Blaumann. Erst am Abend setzte er
sich hin, dann konnten wir uns unterhalten. Er erzählte,
dass er außer seinen lebenden Gemeindemitgliedern
auch noch seine toten hatte: in der Umgebung verstreute Gräber von Verbannten, um die er sich kümmerte. Die Umgebung – das können in jener Gegend Dutzende oder Hunderte Kilometer in eine Richtung sein.
Ich fragte ihn über Russland aus, aber daran war er
nicht interessiert. Zwar sprach er Russisch, aber nur so
viel, wie er für die Kontakte mit den Behörden brauch-
te. Er glich ein wenig dem Bewohner einer polnischen
Insel. Russland war der Ozean. Er hielt ihn gefangen,
trennte ihn ab und verurteilte ihn zur Einsamkeit. Der
Herbst kam näher. Im Garten ernteten koreanische
Nonnen Gurken, um sie sauer einzulegen. In ihrer Or-
denstracht sahen sie aus wie graue Schmetterlinge. Was
lag für ein Sinn darin, in der Einöde des Ostens alte
Gräber zu pflegen? Wozu dienten die Hartnäckigkeit
und der eigenartige Heroismus, mit dem er sich um

Gebeine kümmerte, die sich unwiderruflich in Mineralien verwandelt hatten? Wozu ging er über die Erde,
während sie dort unten längst verfault, verwittert, in die
Tiefe geflossen oder in die Stengel der Pflanzen einge-
gangen waren? Das ließ mir keine Ruhe, während ich
durch den Osten reiste. Der Osten war riesig. Unvor-
stellbar groß und leer zugleich. Die hier und da verstreuten polnischen Gebeine gingen im Nichts unter.
Wie einzelne Sandkörner in der Wüste. Der Osten ver-
nichtete sie. Man konnte heroische Lichter anzünden,
aber es waren Zeichen der Niederlage. Leichenwache
in der unermesslichen Fremde.

Ich glaube, bei Ossendowski gibt es eine Erzählung
über chinesische Tote in Urga – so hieß Ulan Bator vor
der Revolution. Die Chinesen hatten dort ein Viertel.
Es hieß Maimaicheng, einfach »Handelsstadt«. Die
Chinesen lebten hinter einer Mauer, trieben Handel,
führten Waren ein und aus, und zwangsläufig starben sie
auch. Der Brauch schrieb vor, sie in der Heimaterde zu
bestatten. Man konnte jedoch schlecht einzelne Tote
durch die Wüste Gobi transportieren. Und so wurden
sie in Holzkisten gelegt, die Kisten stapelte man und
wartete, bis sich eine ausreichende Zahl angesammelt
hatte, um eine Karawane zu bilden. Schwer zu sagen,
wie viele Kisten es waren. Dutzende? Hunderte? Jedenfalls muss der Trauerzug der Kamele, die majestätisch
über den Sand und die steinige Einöde schritten, einen
unauslöschlichen Eindruck hinterlassen haben.

Manchmal denke ich, wir hätten alle unsere Toten
aus dem Osten schon längst nach Polen transportieren
sollen. Ausfindig machen, aufgraben, herausholen. Be-

hutsam, sorgfältig, in Behälter, Särge, Urnen legen und
in die Heimat überführen. Ich denke, wir wären imstande dazu. Im Ausgraben, Vergraben und Exhumieren haben wir Übung. Ich weiß nur nicht, welches Transport-
mittel man wählen müsste. Das Flugzeug? Eine schwarz
lackierte amerikanische Hercules? Eine russische Belu-
ga im Trauerstaat? Das passt nicht besonders zu einer so
nationalen Mission. Es bleibt also die Bahn. Ein mit
Trauerflor bedeckter transsibirischer Zug: lang, unendlich, wie alle Niederlagen meines Volkes. Ein Baikal-
Amur-Trauerzug, mit Hunderten von Waggons voller
Staub, Asche und Knochen. Und an jeder Station, in
Wladiwostok, Komsomolsk, Birobidschan, Tynda, Tschi-
ta, Bratsk, Ulan Ude, Krasnojarsk, Nowosibirsk, Omsk,
Jekaterinburg, Kasan und so weiter und so fort, würden
Transporte mit sterblichen Überresten warten, die mit
Autos, in Wagen oder auf dem Wasser aus dem Norden
und Süden gekommen sind; sie würden warten, dass
dieser Zug sie mitnimmt, der mit Friedhofskränzen, mit
schwarzen Flaggen, mit Trauerfederbüschen, in blutigen
Dampfschwaden in Richtung Polen eilt, um zusam-
menzufügen, was auseinandergerissen, um wiederzuer-
langen, was weggenommen worden ist, um den Lebenden und den Toten ihren Zusammenhalt wiederzugeb-
ben. Um unser Vaterland zu einen. Damit es nicht in
diesem wilden, unmenschlichen Raum vermodert. Damit es nicht in der Einöde verfault. Um es vor der sata-
nischen Macht des Ostens zu retten, wo sowohl Menschen als auch ganze Völker spurlos verschwunden sind,
wo der Kontinent verschwinden wird. So sehe ich das.
Man muss sie alle herholen, denn wenn sie wiederkom-

men, ist es fast, als würden sie auferstehen, weil sie in
unser Leben eintreten. Sie werden sich daran wärmen,
und einmal im Jahr, im Herbst, werden sie einberufen
und setzen sich im Dunkeln mit uns an den Tisch. Aber
sie müssen vor Ort sein, in der Nähe, zu unseren Füßen,
damit sie kommen können. Man muss sie nur herausholen, aus dem ewigen Eis ausgraben, aus dem wasserlosen
Sand. Sie müssen bei uns sein. Irgendwo in der Ebene
bei Kutno, damit es alle gleich weit haben im Herbst,
wenn die Feuer angezündet werden und zum Essen ge-
rufen wird.

Man muss sie herholen. Und wenn nur, um nicht
dorthin fahren zu müssen und umzukommen, denn das
hört nie auf. Dort will sie schließlich niemand, niemand
braucht sie. Sie nehmen nur Platz weg. Der Osten hat
genug eigene Tote. Ich denke, wenn es vorbei ist, soll
man die Seinen mitnehmen und nicht den Fremden
überlassen, die nicht so recht wissen, was sie mit ihnen
anfangen sollen. Das ist ein bisschen wie Erpressung.
Man sollte sie also holen, und sei es nur, damit Pfarrer
Marek mehr Zeit für die Lebenden hat. Und sie, für alle
gleich nah, irgendwo auf den grünen Wiesen bei Kutno
unterbringen. Amen.

In dieses Haus wird niemand mehr einziehen. Von Jahr zu Jahr zerfällt es schneller. Ein Teil des alten Obstgartens wurde entfernt, erst jetzt sieht man, wie unscheinbar und zerbrechlich es in Wirklichkeit war. Der offene Raum verschlingt es wie das Nichts. Man sieht es jetzt schon von weitem, von der alten, heruntergekommenen Straße aus, auf der niemand fährt. Nichts schützt das Haus mehr. Nur im Westen sind noch ein paar alte Bäume.

Einst umgaben das Haus von drei Seiten Apfelbäume. Nur von Süden, vom Hof her, kam die Sonne durch. Der Rest lag im Schatten. Ich muss mir das jetzt alles in Erinnerung rufen, es von neuem erfinden, mir Dinge vorstellen, die schon vor langer Zeit passiert sind. Vor diesem Vorstellen verändern sie sich und werden immer deutlicher.

Ich habe eine Karte jener Gegend im Maßstab 1:60 000. Zwischen den grünen Flecken der Wälder und den blauen Fäden der fließenden Gewässer sehe ich ein winziges Quadrat, das das Haus meines Großvaters markiert. Die Karte ist so genau, dass ich darauf den Feldweg erkennen kann, der durch den überwucherten Cholera-Friedhof läuft. Dort ist mir früher vor Angst fast das Herz stehengeblieben, sogar am helllichten Tag. Jetzt betrachte ich den Ort von oben, aus himmelhoher Entfernung, und ich sehe meine kindliche Gestalt mit dem Herz in der Hose im dornigen Gestrüpp herumstöbern, auf der Suche nach irgendeiner Spur der Cholera-Opfer. Ich suchte nach Steintafeln, aufgeschütteten

Gräbern, vermoderten Kreuzen, egal was, nach irgendwelcher Materie, die den Tod des Menschen vor dem Vergessen bewahrt. Aber da war nichts außer dem stickigen, berauschenden Geruch der Angst. Er kam aus der Erde und stieg zu Kopf.

Jetzt betrachte ich all das von oben. Es ist Herbst. Die acht außerhalb des Dorfs verstreuten Häuser zerfallen und vermodern. Die Menschen sind fast alle tot. Von manchen Gehöften gibt es keine Spur mehr. Auch die Scheune meines Großvaters ist zerfallen, und jetzt öffnet sich vom Hof aus der Blick nach Süden, eine Aussicht, die es hier nie gegeben hat. Als hätte jemand plötzlich ein Fenster im Raum geschaffen oder die Hülle der Welt zerrissen. Vor ein paar Monaten stand ich sprachlos da und konnte die Augen nicht von diesem Wunder wenden. Ich blickte durch die Zeit, ich blickte durch die Ereignisse hindurch, quer durch all das Vergangene. Wie durch eine Fensterscheibe starrte ich durch mein Leben und sah eine unbekannte Landschaft.

In der Scheune hatte ich Dutzende Stunden verbracht. Es war ein Skelettbau, mit Brettern bekleidet und einem Strohdach gedeckt. Durch die senkrechten Ritzen fielen schräge Lichtstreifen, darin wirbelte Staub. Man ging, und die Streifen platzten von der Berührung und wuchsen hinter einem wieder zusammen. Ich war allein. Es roch nach Erde, Feuchtigkeit und Moder, aber stärker war der Geruch nach Staub und trockenem Getreide, das sich in Garben bis unter das Strohdach türmte. Die Scheune war ein bisschen wie ein altes, unbenutztes Theater mit einem in Halbdunkel getauchten Bühnenbild, mit von Spinnweben überwachsenen Maschinen –

eine Häckselmaschine, eine Windfege, eine Dezimal-
waage und ein Deichselwagen auf Gummirädern. Also
Metall, Holz und Pflanzen, fremd war nur der Geruch
von Schmiere im Getriebe der Häckselmaschine. Und
ganze Tage Einsamkeit. Wahrscheinlich waren es nur
Stunden, aber im grauen Zwielicht der Scheune schwol-
len sie zur Ewigkeit. Wie unter der Erde hervor ging
ich nach draußen oder eher wie aus tiefem Wasser.

Das Gehöft bestand aus fünf Gebäuden, und ich
muss es beschreiben, weil ich seit einiger Zeit keine
Ruhe finden kann. Außerdem werden sie bald endgültig zerfallen, und die Beschreibung wird dann zu einer
Geschichte, die nur dank des Glaubens überlebt. In der
Mitte war ein Brunnen mit einer Zementauskleidung.
Der letzte Wirbel, der über die Erde herausragte, hatte
am Rand eine konkave Aushöhlung an der Stelle, wo
seit Jahrzehnten der Eimer auflag. Ähnlich nutzen sich
Türschwellen und Treppenstufen ab. Jedenfalls standen
im Süden die Scheune, im Norden das Haus, im Westen
die gemauerte Sommerküche und im Osten Pferdestall
und Schweinestall – alles in einem regelmäßigen Geviert, im Schatten einiger hoher Pappeln. In dieser Gegend erkannte man abseits gelegene Anwesen eben an
den riesigen alten Bäumen.

Eigentlich spielte sich das Leben dort meistens im
Schatten ab. Ans Licht zu treten, in den Glanz des Tages,
war etwas Außergewöhnliches. Der Baumschatten und
das Braun der vom Wetter gebeizten Holzwände des
Hauses schufen eine Art Tageszeit für sich, eine eigene
Aura, vielleicht auch eine zusätzliche Jahreszeit. Die
Sonne fiel auf die Mitte des Hofes und den Brunnen. In

diesem grellen Lichtfleck erschienen hin und wieder
Tiere: die Katze ging vorbei, der Hahn stolzierte, die
Hühner trippelten. Sie sahen irreal aus, waren zu deut-
lich, zu grell, ihre Bewegungen erinnerten an die tote
Sorgfalt von Marionetten.

Im Gestrüpp hinter der Sommerküche befand sich
eine Art Müllhalde. Dort lagen hauptsächlich löchrige
Töpfe. Sie waren zu nichts mehr nütze, man konnte
nichts mehr mit ihnen anfangen. Zwischen diesen nutz-
losen, von der Küchenglut durchgebrannten Bruchstü-
cken, zwischen braunen gusseisernen Töpfen und ros-
tenden Kasserollen mit Resten von Emaille gab es auch
alte Wecker. Ich habe fünf oder sechs von ihnen gefunden und nie gefragt, woher sie kamen. Waren sie so billig, dass sie nach absurd kurzer Zeit kaputtgingen? Hielt
einer vielleicht gerade mal ein Jahr oder zwei, und dann
gab irgendwas darin den Geist auf und erstarrte? Das
werde ich nie mehr erfahren. Ihre Innereien glänzten,
der Rost hatte seine Mühe mit ihnen. Am schnellsten
fraß er das Gehäuse und das Zifferblatt.

Das sind meine Erinnerungen, das ist mein Land.
Am Fluss lagen Berge von leeren Muscheln. Die Leute
fütterten die Schweine mit den Schalentieren. Ich habe
nie gesehen, wie sie sie herauspulten. Hunderte, Tausende von grünlichen Schalen von der Größe einer Kin-
derhand lagen am Ufer. Die leeren Gehäuse schimmerten perlmuttfarben. Ich habe auch nie gesehen, wie die
Schweine sich von dem blassen, kalten Fleisch nährten.
Das musste ich mir vorstellen. Der Fluss hatte die gleiche Farbe wie die Muscheln. Sogar unter blauem Himmel blieb er grünlich. Eines Sommers herrschte Tro-

ckenheit, und in den Brunnen fehlte es an Wasser. Die
Leute füllten im Fluss Fässer und brachten sie mit Fuhr-
werken zu den Gehöften, um das Vieh zu tränken.

In diesem Haus wird also niemand mehr wohnen.
Wenn man auftritt, geben die Böden nach. Vom Dach-
stuhl rieselt gelber Staub. Hier und da ist das Dach un-
dicht. Jemand hat die Fensterläden abgerissen. Die Fun-
damente werden von den Wurzeln des Holunders und
von jungen Eschen gesprengt. Der Backsteinkamin brö-
ckelt von Regen und Frost. Es gibt niemanden, der hier
wohnen könnte. Außer dem Haus und der Sommerküche ist nur noch der Brunnen da. Den Rest gibt es nicht
mehr. Vorher unbekannte Aussichten nach Süden und
Westen haben ihn ersetzt. Von dort nähert sich der
Raum, von dort wehen die Winde. Eines Tages oder
eines Nachts werden sie das Haus mitreißen und in den
Himmel entführen. Ein Luftwirbel wird es zerfetzen
und zu Staub zerreiben, der bis ans Ende aller Tage um
die Erde kreisen wird.

Solche Dinge stelle ich mir vor, wenn ich dastehe
und seinen Untergang betrachte. Um mir zu vergeben,
um diesem Untergang Sinn zu verleihen. Ich kann nicht
hierher zurückkehren. Ich kann nur ab und zu kommen
und schauen, wie der Schimmel ins Holz dringt und der
Rost in die Nägel. Die Gegend stirbt Haus für Haus ab,
und es ist, als würde mein eigenes Leben weniger. Denn
was wird mit uns geschehen, wenn alle Orte untergehen,
an denen wir unsere Zeit verbracht haben? Wir werden
sie neu erfinden müssen, und auch unser früheres Leben
wird sich in eine Erfindung verwandeln. Es wird eine
Spielerei des Gedächtnisses sein, mehr nicht.

Ach, ich liebe die Hässlichkeit meines Landes. Sie ist einzigartig. So etwas gibt es sonst nirgendwo. Nur im slowakischen Martin an der Ausfallstraße Richtung Bratislava ist es vielleicht ähnlich widerlich. Aber es muss November sein und regnen, und man muss vierzig fahren, Stoßstange an Stoßstange, und das idiotische Indianer-Totem auf der rechten Seite anschauen, das für den Harley Davidson Steak Pub Reklame macht. Abgesehen davon ist es nirgends wie bei uns. Wenn ich mit Freunden rede, verteidige ich in der Regel dieses optische Elend, diesen Katzenjammer, diese Hysterie der menschlichen Landschaft. Teilweise aus Trotz, aber mehr aus Sympathie für die schäbigen Wunder der menschlichen, das heißt der polnischen Kreativität, die mich verblüfft und in Bewunderung versetzt.

Wir sind ein Volk von Extremisten. Wir sind totale Revolutionäre. Die grundlegende Materie des Kommunismus war das Grau. So haben es alle in Erinnerung. Sogar diejenigen, die sich an nichts erinnern. Der Kommunismus war grau – eine Binsenweisheit, die den Geist vergiftete. Als wir uns daher heldenhaft befreit hatten, war der erste Reflex, ein Farbengeschäft aufzusuchen. Dementsprechend sieht jetzt mein Heimatland aus: als hätte ein Affe sich mit dem Pinsel ausgetobt. Doch mir imponiert das. Diese Eigenmächtigkeit, diese Aufsässigkeit, diese Freiheit von allen Regeln, von ästhetischer Korrektheit, von den Ermahnungen der Kenner, manchmal auch von jeglicher Vernunft; denn was soll man zu den Leuchtreklamen an einer der größten Stra-

ßen des Landes sagen, die nachts blinken, mal grün, mal
rot, wie eine neurotische Ampelanlage? Wie soll man
das verstehen?

In gewissem Sinn bin ich ein Fan dieser Wildheit des
Herzens. Ein Fan der grün-gelben Fassaden, der Schlösser an der Straße, der Gasthäuser von der Größe eines
Kriegsschiffes, die aus Holz gebaut und hektarweise mit
Stroh gedeckt sind, der rosaroten Sex-Shops auf freiem
Feld, der Autowerkstätten mit korinthischen Säulen
über drei Stockwerke (ja, ja, bei der Einfahrt nach Rze-
szów von Westen). Diese Depots von Gartenzwergen, in
denen Löwen, Adler, Kamele, Störche und Marienfigu-
ren Seite an Seite stehen, berauschen mich; es hypno-
tisiert mich der Raum, in dem das Feudale sich mit
dem Globalen mischt und die Großmütterdörfer in den
Flammen der Postmoderne untergehen. Dieser Abgrund narkotisiert mich, dieses Jenseits voll von Dörf-
lern mit schwerem Gang und abgeschafften Händen,
die durch Labyrinthe mit Chinakram in tausend Formen und Farben wandern, um schließlich etwas davon
nach Hause zu tragen und ihre Häuser nach dem Vor-
bild aller Häuser der Welt herauszuputzen. Um sie mit
goldenem und silbernem Plastik zu schmücken, mit
falschem Kristall, mit chemischen Regenbogenfarben.

Mir gefällt es, dass wir auf nichts außer auf die Befriedigung der eigenen Wünsche Rücksicht nehmen,
dass wir uns nicht von fremden, erfundenen Regeln
verdummen lassen. Dass wir wie die Zigeuner aus der
moldawischen Stadt Soroca sind, die, weil sie im Bol-
schoi-Theater wohnen wollten, sich einfach eins bauten und die Pferde für die Quadriga auf dem Portikus

von einem Karussell abmontierten. Sie haben sich auch eine chinesische Pagode und ein viktorianisches Gutshaus gebaut und alle Dächer vergoldet, die jetzt so glänzen, dass man sie sowohl in Kischinjow als auch in Kiew sieht. Und genau dafür liebe ich mein Land. Dass es den Mut und die Kraft hat, sein eigenes Ding zu machen, und sich nicht lumpen lässt. Dass es sich von keinem Architekten sagen lässt, wie sein Leben, das heißt, das meines Landes, auszusehen hat.

Ich war einmal in Amerika. Es hat mir sehr gefallen. Alles wie im Kino, nur noch heftiger. Manhattan, Brooklyn, die Chicagoer Uptown, die oberirdische Bahn, an deren Brückenjochen sich Schicht für Schicht die Polizeistreifenwagen aus den *Blues Brothers* massakrieren. Das hat mir gefallen. Aber am besten hat mir der amerikanische Ramsch gefallen. Die unermesslichen Areale von ein-, zwei-, höchstens dreistöckigen Gebäuden, die sich bis zum Horizont ziehen. Und jedes anders, jedes nach eigenem Geschmack, hier Rokoko, da Baroko, Gesimse, Friese, Erker, Aufsätze, Türmchen, Pilaster, Pylone, Balkone, Pfeiler, Tympanons, Plafonds, Galerien, die ganze Geschichte der Architektur sowie eine Enzyklopädie der Vorlieben der Investoren. Alles aus Sperrholz, Schäben, aus Two-by-four-Kanthölzern, aus Gips, Karton, aus Imitaten und Illusion. Ziegel, Stein, Beton aus Bimsstein, Styropor, die Stirnseiten gerade mal ein Millimeter, und dahinter das Nichts. Warum das? Tja, damit die Bulldozer es leichter haben. Denn es ist ja nur ein Lager, eine Haltestelle, eine kurze Pause, ein Moment Erholung. Bald wird man es verlassen müssen und weiterziehen in die Tiefe des Kontinents, in die Endlosigkeit des amerikanischen Raums, um dort in der Wüste, in der Ebene, in der Prärie den nächsten Unterschlupf zu bauen. Wie ein Zelt oder eher eine Hütte, die man verlässt, denn ein Zelt nehmen wir ja mit. Ich liebte dieses Land vom ersten Blick an. Dafür, dass es sich nicht beirren lässt, dass es im Grunde genommen reine Energie ist und sich um die Form nicht schert. Ja, für seine Barbarei liebe ich Amerika. Und genau dafür liebe ich auch Polen. Dass es ihm sonstwo vorbeigeht, ob es schön ist. Es ist ein wunderbarer Proteus der gemäßigten Zone und sucht eine entsprechende Verkörperung; da es sie aber nicht findet, wirft es eine nach der anderen ab wie die Schlange ihre Haut. Und sicher wird es seine endgültige Form nie finden. Es baut seinen Ramsch wie das schöne, große, wilde Amerika. Nur, dass es ihn nicht aus Sperrholz baut, sondern aus echten Mauern. Denn Polen hat keinen Platz, um weiterzuziehen. Es verlässt seine Bauten nicht. Es bleibt bis zum Schluss bei ihnen.

Mein Freund Andrzej Bieńkowski hat eine besondere
Leidenschaft: Seit dreißig Jahren nimmt er die letzten
Dorfmusiker aus Zentralpolen auf und filmt sie. Er hat
schon einige tausend Stunden Dokumentation beisam-
men, und er muss sich beeilen. Die Dorfmusiker sterben
aus. Niemand setzt ihr Werk fort.

In den Dörfern Zentralpolens wurde im Prinzip ein
Tanz getanzt: der Oberek. Am meisten tanzte man auf
Hochzeiten. Eine Hochzeitskapelle bestand aus einer
Geige, einem viersaitigen Bass – einem Instrument etwa
in der Größe eines Cellos – und einer kleinen Trommel
mit einseitiger Lederbespannung. Diese Dreimann-
Gruppe musste mehr als zwölf Stunden nonstop spielen,
mit kleinen Pausen für eine eilige Mahlzeit. Dann ein
paar Stunden Schlaf und gleich am Morgen wieder
Musik. Der Oberek ist ein sehr schneller Tanz im Drei-
ertakt. Wenn ich alte Aufnahmen höre, stelle ich mir
immer die Atmosphäre einer traditionellen Dorfhoch-
zeit vor. Das kostet mich keine große Anstrengung, aus
meiner Kindheit kann ich mich an einige solcher
Hochzeiten erinnern. Meistens fanden sie in kleinen
Holzhäusern statt. In den sechziger Jahren des vergangenen Jahrhunderts waren die Dörfer noch nicht voll-
ständig elektrifiziert, am Abend brannten oft nur Petro-
leumlampen. Es war unerträglich heiß, stickig und eng.
Man roch Schweiß und vom Boden aufsteigenden
Staub. Die menschlichen Körper füllten den Raum
dicht aus.

Der Oberek ist ein obsessiver Tanz. Seine kreisförmi-

ge, sich wiederholende Struktur versetzt den Geist der
Tanzenden und der Spielenden in einen hypnotischen
Zustand. Um so viele Stunden zu spielen, muss der Gei-
ger eigentlich über eine unendliche Zahl von Varianten
der Grundmelodie verfügen, er muss unablässig impro-
visieren. Als ich mir die Filme und Fotografien dieser
Volkskünstler ansah und mir die Aufnahmen anhörte,
hatte ich oft den Eindruck, dass das Spiel sie aus der
vergänglichen, irdischen Wirklichkeit befreit. Auch
wenn sie schon älter waren, wenn ihnen niemand zu-
hörte und sie nur in das Mikrophon spielten, das der
Sammler und Ethnograph Andrzej Bieńkowski aufge-
stellt hatte, auch wenn ihre arthritischen Finger den erinnerten Melodien nicht folgen konnten, so hatte ihre
Musik doch etwas Schamanisches an sich. Sie fielen einfach in Trance, wenn sie spielten. Im buchstäblichen
Sinn.

Polen ist ein Land von Bauern. Der überwiegende
Teil der Gesellschaft hat seine Wurzeln im bäuerlichen,
ländlichen Milieu. Die Bauern in Polen waren im
Grunde genommen bis Mitte des 19. Jahrhunderts Sklaven. Sie stellten das Eigentum eines Herrn dar, der der
kleinen Schicht der Szlachta, des Adels angehörte. Sie
hatten natürlich ihre ärmlichen Höfe, aber fünf, sechs
Tage in der Woche mussten sie auf den Anwesen ihrer
Besitzer arbeiten. Diese konnten die Bauern verkaufen,
verspielen oder verschenken.

Ich denke, die Erfindung des Oberek, des polnischs-
ten aller polnischen Tänze, war eine unbewusste Reaktion des Volkes auf die Unterdrückung. Die kreisförmi-
ge, spiralige, obsessive Note dieses Tanzes sollte Befrei-

ung und Vergessen bringen. Der Oberek war eine Art
polnischer Blues. Doch im Vergleich zum Blues war er
wesentlich hysterischer und drückte eher Widerstand
gegen das Schicksal aus als Akzeptanz.

Ich stelle mir immer noch Dorfhochzeiten vor. Diese zwei, drei dem Schicksal gestohlenen Tage, diese Tage,
die der täglichen Mühe, der Verachtung und der unmenschlichen Arbeit abgerungen sind. Zwei, drei Tage
Freiheit, Expression, dionysische Sauferei, allerdings mit
Hilfe von Wodka, eine Zeit der Emanzipation von Gesellschaft und Sitten, Tage der Ekstase. All das in engen
Stuben und mit Begleitung von gerade mal drei Instru-
menten. Die Musiker kannten keine Noten, ihre musi-
kalische Ausbildung bestand darin, alten Meistern zuzuhören. Und zugleich spürt man in ihrem Spiel – auch
heute noch, am Ende ihres Lebens – einen unbändigen
Mut, man spürt einfach die Freiheit.

Die letzten Musiker, siebzig-, achtzigjährige Männer,
sterben in Vergessenheit. Seit langem will ihnen keiner
mehr zuhören. Sie leben am Rand der Gesellschaft. Der
Musiker im polnischen Dorf wurde verehrt, solange er
spielte, solange das Fest dauerte, aber wenn der Spaß
vorbei war, war sein Status nicht viel besser als der eines
Dorftrottels, eines Sonderlings oder Eigenbrötlers. In
gewissem Sinn blieben diese großen Künstler bis zuletzt
unverstanden und abgelehnt. Auf dem Dorf ein Künstler zu sein hieß, ein verfemter Künstler zu sein.

Ja, der obsessive, virtuose, schamanische Oberek, gespielt von einem Sonderling am Rande des Dorfes, ist
der polnischste der polnischen Tänze.

Kleine Nationen brauchen mehr Legenden als große. Sie sind unbemerkt aufgetaucht, niemand hat ihre Ankunft wahrgenommen, und niemand hat gesehen, woher sie kamen. Wenn sie sich dann auf der Arena der Geschichte befanden, dachten sich in der Regel die anderen eine Vergangenheit, einen Herkunftsort und eine Wanderroute für sie aus. Deshalb sollten sie ihre eigenen Legenden haben, so viele wie möglich. Um den Mangel an eigener Geschichte auszugleichen.

Was mich angeht, so habe ich mir immer gern die Lemken als Wandervolk vorgestellt. Ich habe die Augen geschlossen und ihre Wanderung in Raum und Zeit nachvollzogen. Unter meinen Lidern sah ich die Kette der Karpaten, die mit ein bisschen Phantasie an ein menschliches Skelett erinnert. Ich sah, wie sie vom Balkan kommend durch die Jahrhunderte wandern und ihre Herden treiben. Vielleicht irgendwo aus den Rhodopen, vielleicht auch aus Albanien. Wer kann das wissen? Das albanische Wort für Berg, *bjeshkë*, erinnert schließlich sehr an unsere »Beskiden«. Die warmen Monate verbrachten sie auf hochgelegenen Bergwiesen, die Winter in den Tälern, in Behausungen, die primitiv genug waren, um sie im Frühjahr ohne Bedauern wieder zu verlassen. So stelle ich sie mir vor, als Wandervolk, frei und vielleicht sogar halb wild. Ohne eine Heimat mit festen Grenzen, aber entschieden in der Karpatenlandschaft heimisch. Wenn man die Welt von oben betrachtet, von einem Bergrücken, einem Pass aus, verlieren die Grenzen ihre Bedeutung. Man schaut auf die wellige

Linie des Horizonts, und nur sie ist wichtig. Das galt vor allem in Zeiten, als die Grenzen unklar und veränderbar waren und nur mit mäßigem Erfolg bewacht wurden. Wir wissen nicht einmal, wie lange die Lemken für diesen Weg gebraucht haben. Hier in der Gegend sind sie – sagen wir – im 14. Jahrhundert aufgetaucht. Unterwegs zogen sie Splitter anderer Völker an, wie ein Magnet Metallspäne anzieht. Sicher deshalb, weil Wanderer, Zigeuner, Korsaren und Schmuggler bei Völkern, die ein sesshaftes, langweiliges Leben führten, immer eine mit Angst gemischte Sehnsucht weckten. Wer war da nicht alles auf diesem Marsch durch die Jahrhunderte: Illyrer, Aromunen, Walachen, griechische Einsprengsel, magyarische Anteile, Ruthenen und zum Schluss unsere hiesigen Ingredienzien. Ich stelle mir gern die Wanderung dieser halbnomadischen Völker vor, eine wenig bekannte und kaum beschriebene Wanderung, denn ihre Route verlief durch einsame Bergmassive und war eher von Weideplätzen und Winterlagern gekennzeichnet als von Schlachtfeldern.

Ich stelle mir das deshalb vor, damit ich eine Ahnung bekomme, welcher Genpool in diesen beiden kleinen, unscheinbaren Körpern versammelt ist: in Andy Warhol und Nikifor. Bestimmt die größten Gestalten, die die Lemken hervorgebracht haben. Warhol haben sie zwar transozeanisch hervorgebracht, aber immerhin. Daran gibt es keinen Zweifel, so wie es keinen Zweifel an ihrer besonderen Verwandtschaft gibt. Um sich davon zu überzeugen, muss man nur zwei Museen besuchen, die hundertdrei Kilometer voneinander entfernt liegen.

Das von Nikifor in Krynica gleicht einem ausgedehnten Landhaus oder einem bescheidenen Gutshof. Man geht von der belebten, lärmenden Promenade direkt in die Stille der Vergangenheit, in die Erinnerung der Kindheit, als man zu den Großeltern aufs Dorf fuhr. Das Museum von Andy Warhol in Medzilaborce (unweit, im Dorf Miková, wurden seine Eltern geboren, dort verbrachten sie den ersten, den tschechoslowakischen Teil ihres Lebens) sieht provozierend und surrealistisch aus. Auf dem Hügel thront die unierte Kirche. Über die Hauptstraße, eigentlich die einzige Straße, die natürlich nach Warhol benannt ist, kugeln wie dunkle Perlen Zigeunerkinder. Man spürt das Grenzgebiet. Auf der anderen Seite des Asphalts steht, ebenso absurd wie das kantige Betongebäude des Museums, der grelle Klotz von Tesco. Vor dem Museum verrosten die mannshohen Campbell's Suppendosen. Ich war vielleicht zehn Mal in diesem Museum. So gut wie nie habe ich dort jemanden angetroffen.

Zwei Museen, zwei Leben, zwei Schicksale. New York und die Promenade von Krynica. Die Factory, die Serigrafien, der Glamour, und hier eine Holzschachtel mit Wasserfarben und ein mit fremder Hand geschriebener Zettel, der um Unterstützung oder den Kauf eines Bildes zum Preis von fünfzig Zloty bettelt. Deshalb ist es so verlockend, eine Verbindung herzustellen zwischen diesen Schicksalen von unterschiedlichen Planeten. Ebenso verlockend wie es war, sich die Wanderung der Vorfahren beider Künstler vorzustellen.

Irgendwie wirken sie wie seltsame Brüder. In dem Museum in Medzilaborce hängt in einer Glasvitrine die

Jacke Andy Warhols aus Schlangenleder. Ich stand wie angewurzelt davor: War er wirklich so klein, so zierlich, wie ein Kind? So zerbrechlich und unscheinbar, dass auch Epifaniusz Drowniak mühelos in dieses extravagante und perverse Kleidungsstück gepasst hätte? Hätte dieser ihm seine ausgefranste Jacke geben können? Sein Hütchen? Hätten sie also Kleider tauschen können? Warum nicht. Im Museum von Krynica gibt es eine Fotografie des jungen Nikifor aus den dreißiger Jahren. Sicher eine von wenigen, die erhalten geblieben oder überhaupt gemacht worden sind. Sie stellt einen lächelnden Mann mit nach oben frisierten Haaren dar. Die Haare sind hellblond, vielleicht aufgrund der Beleuchtung. Der junge Nikifor erinnert auf geheimnisvolle und doch unbestreitbare Art an den jungen Warhol auf Bildern aus den fünfziger Jahren. Das gleiche Lächeln, ein ähnlich sensibler Blick und die entwaffnende Verwegenheit der Frisur. Man könnte sie für Brüder halten.

Na gut. Worum geht es mir bei diesem Spiel mit der Ähnlichkeit? Möchte ich, zumindest in der Imagination, für einen von ihnen das Schicksal verändern? Für den Ärmeren, den Stummen, den in seine Einsamkeit Eingesperrten? Hätte er in einer anderen Zeit über ein anderes Pittsburgh nach Manhattan gelangen sollen? Vielleicht ja, glauben wir doch manchmal zu wissen, wie eine gerechte Welt aussehen sollte.

Oder ihre Mütter. Auf Fotos sehen sie aus, als kämen sie aus demselben Dorf. Beide mit Kopftüchern, mit Miedern, sitzen sie steif vor dem Objektiv. Ihre Gesichter erinnern an Mineralien. Im Museum von Medzila-

borce und im Museum von Krynica. Warhols Mutter
hat diese Kleidung bis zu ihrem Lebensende getragen.
Und sie hat bis zu ihrem Lebensende praktisch kein
Englisch gesprochen. Bekannte des Malers sprechen
von der seltsamen Sprache, mit der sie sich in der New
Yorker Wohnung verständigten – Warhol und die merk-
würdige Gestalt mit dem Kopftuch und dem langen
Rock. »Ich komme von nirgendwo«, sagte Warhol über
sich. Seine Mutter hat seine Worte nicht verstanden.
Aus der Perspektive von Manhattan erschien dieser Teil
der Welt als nichtig. Es kann gut sein, dass die Entwur-
zelung, das Gefühl, dass die Vergangenheit eigentlich
nicht existiert, über den Sinn seiner Malerei entschied.
Das Nichts trat ihm in die Fersen, es verfolgte ihn, also
beschloss er, ihm eine Form zu geben? War es so? Hat er
auf die Landkarte geschaut und die Erzählungen seiner
Mutter von den in den Wäldern verstreuten Karpaten-
dörfern gehört? Aus jener Gegend konnte höchstens
ein lokaler, slawischer Dracula kommen, aber nicht ein
Künstler, der das Gesicht der Kunst für immer verändern sollte. Dracula, Drella ... Zu viele Spuren ...

Sein älterer Bruder blieb, wo er war. Man kann sich
kaum einen Künstler vorstellen, der in seinem Werk
mehr »von hier« sein könnte, der weniger »von nirgendwo« gewesen wäre. Seine Bilder sind eine unendliche
Variation auf das Sichtbare. Häuser, Berge, Kirchen und
Züge strahlen immer schöner, immer vollendeter aus
der Wirklichkeit heraus und streben auf eine unendliche Existenz zu. Nikifor schafft die Welt, gibt sie wieder,
damit sie nicht untergeht, damit sie fortdauert, damit
das Nichts sie nicht erfasst. Er ist wie ein Gott, der jeden

Morgen die Dunkelheit löscht und den nächsten Tag in Gang setzt – mit Häusern, Bergen, Kirchen und Zügen, damit wir ein Zuhause haben. Dreißigtausend Bilder zur Erschaffung der Welt und zu ihrer Verteidigung. Oder zu ihrer Rettung, denn in diesen Landschaften ist es schließlich so schön, so unbewegt und so leuchtend wie auf Ikonen. Über den Karton gebeugt, taub für den Lärm der Promenade, versuchte er zu erraten, wie die Welt aussah.

Dreißigtausend Bilder. Als hätte er unablässig gemalt. Sicher war es auch so. Er konnte sich keinen Augenblick der Erholung erlauben, sonst wäre die Welt verloren gegangen. Dreißigtausend. Fast wie Warhol in seiner Fabrik, der endlos vervielfältigte: Jagger für Jagger, Monroe für Monroe, Mao für Mao. Wirkliche und zugleich unwirkliche Gestalten. Denn die Hunderte Male abgezogenen Bilder verloren ihre Deutlichkeit, entfernten sich von ihren Originalen. Schließlich lösten sie sich immer mehr von ihnen, um sich letztendlich in nichts zu verwandeln. Vielleicht war es das, was er wollte, der Mann »von nirgendwo« – im Nichts heimisch werden und dabei andere zu diesem Spiel einladen, Manhattan, Amerika, den Vorsitzenden Mao, Suppen, Putzschwämme, einen elektrischen Stuhl und sich selbst.

Eben. In dem Museum in Krynica ist ein privates Album von Nikifor ausgestellt. Eine Seite nach der anderen ist mit Porträts von ihm ausgefüllt. Es sind gewöhnliche, bei einem Fotografen aufgenommene Passbilder. Der Künstler blickt ins Objektiv und lässt sich in einer seriösen, amtlichen Pose verewigen. Als sammelte er Beweise dafür, dass es ihn gibt. Der Apparat bestätigte ihn. Er befreite ihn aus der Unscheinbarkeit, aus der Existenz eines Behinderten. »Hier bin ich«, schien er auf diesen stolzen Darstellungen im Format drei mal vier Zentimeter zu sagen. Er wollte sich betrachten. Er hütete seine Bildnisse, steckte sie in ein Album. Sich selbst zum Andenken.

Wie ähnlich und wie anders als sein jüngerer Bruder, der seine eigenen Porträts der universellen Produktion von Wegwerfmüll hinzufügte. Dieser Hyperinflation und Selbstzerstörung der Bilder, die sich, um auch nur für den Bruchteil einer Sekunde zu existieren, wie Bakterien, wie Viren vermehren müssen, sich selbst vervielfältigen und sofort zerfallen, um zu Dünger zu werden, zum Nährboden für die nächsten. Er also tat das auch. Er vervielfältigte. Stellte zur Vervielfältigung an. Eröffnete eine Fabrik. Ging mit einer Polaroid, einem Tonbandgerät umher. Er vervielfältigte Dinge, solange sie noch nicht vernichtet waren.

Ähnlichkeiten ... Denn es ist etwas außerordentlich Anziehendes in dem Gedanken, die beiden miteinander zu verbinden, ihre Schicksale zusammenzubringen, diese Gestalten zu vereinigen, die beiden so entfernten, so unähnlichen und sich doch ergänzenden Leben zu verschmelzen. Die Künstlichkeit des einen und die Natürlichkeit des anderen einander anzupassen. Die Fiktion des Daseins in Manhattan und die schwere, physische Wirklichkeit der Behinderung. Die fernsehtaugliche Griffigkeit eingängiger Paradoxa und das Gestammel in der dunklen Ecke unter der Treppe. Die silberne Perücke und die verwachsene Zunge. Ja. Es ist verlockend, aus den beiden einen zu machen, den großen, universellen Künstler, der zugleich Erhöhung und Erniedrigung erfährt, Aufstieg und Fall, der gesegnet und zugleich verflucht ist. Einen Künstler, der von einem geheimnisvollen Wandervolk abstammt, dessen Vergangenheit sich zwischen bewaldeten Bergen, Legenden und vergessenen Stämmen verliert, und der plötzlich, ohne Vorwarnung, im Zentrum der Welt, im Rampenlicht erscheint wie ein seltsamer, schmächtiger Gott.

Nikifor hatte ein eigenes Gebetbuch. Statt Gebeten, Litaneien und Liedern waren darin Zeichnungen. Elevations-, Prozessions- und Predigtszenen. Ein Gebetbuch aus Zeichnungen, eine Messe in Comics. Julia, Warhols Mutter, stickte und häkelte Kleider, mit denen man die Heiligenbilder schmücken konnte. Ein fernes Echo der goldenen und silbernen Gewänder, in die die wunderbarsten, die heiligsten Bilder gekleidet waren. Man kann sich den kleinen Andy in einer unierten Kirche vorstellen (sie mussten ja dort in Pittsburgh eine Kirche haben, wahrscheinlich eine wie in dem Film »Die durch die Hölle gehen«, in dem Christopher Walken übrigens dem Künstler beunruhigend ähnlich sieht), wie er – von der langen Liturgie etwas gelangweilt – den Blick durch das Gotteshaus schweifen lässt: Pantokrator, Hodegetria, Eleusa, Patriarchen und Propheten werden im Zwielicht, in dem dunkelgoldenen Glanz deutlich und lebendig, denn eine Ikone stellt keine Illusion dar, sondern eine Wahrheit, die wahrhaftiger ist als das ungewisse Zeugnis der Sinne. Gibt es deutlichere Bilder als die, an die wir uns aus der Kindheit erinnern? Ich weiß nicht. Aber zwischen den byzantinischen Ikonen und den Serigrafien Warhols besteht eine geheime

Verbindung. Sowohl formal als auch inhaltlich. Wenn wir all die Gestalten nebeneinander stellen, wenn wir sie in einen Fernsehbildschirm rahmen, wenn wir sie mit elektronischem Licht beleuchten, dann ersteht vor uns nicht mehr und nicht weniger als unsere moderne Ikonostase. Mao, Jagger, Monroe.

Ich stelle mir gern vor, wie sie Arm in Arm spazieren. Zierlich, hager, einsam und verloren in der Menge. Auf der Promenade in Krynica oder irgendwo zwischen der 5th Avenue und dem Broadway. Oder in einer Stadt, die sie selbst erfunden haben, in der Manhattan sich mit den Schlössern, Kirchen und Gutshöfen Galiziens mischt und der Broadway, statt am Ende in einer felsigen Insel zu verschwinden, sich in eine Straße verwandelt, die sich zwischen grünen Hügeln windet. Dieses naive Bild macht mir Freude. In Gedanken füge ich die zwei Einsamkeiten hinzu, um sie etwas aufzumuntern.

Einen Tag vor Weihnachten fuhr ich an der Ostgrenze Polens entlang. Ich mag diese Gegend sehr. Von Zeit zu Zeit sieht man den Bug, den Grenzfluss. Der Verkehr ist nicht stark. Manchmal taucht ein altes Auto auf. Über Dutzende von Kilometern gibt es keine Tankstelle. Von der Straße aus sieht man weidende Rehe, die keine Angst haben. Sie heben die Köpfe, schauen einen Moment und kehren wieder in ihre Welt zurück. In den Dörfern stehen orthodoxe Kirchen. Es ist altes polnisch-ukrainisches Grenzgebiet. Hier hörte der Westen auf, und der Osten begann. Hier wich der Katholizismus dem orthodoxen Glauben. Außer katholischen und orthodoxen Kirchen gibt es hier keine alten Bauwerke. Die Gegend war ländlich, die Häuser aus Holz, von der Vergangenheit sind nicht viele Spuren geblieben. Es überwiegen primitive postkommunistische, würfelförmige Gebäude.

Kurz vor der ukrainischen Grenze liegt der Ort Bełżec. Etwas zwischen Kleinstadt und ausgedehntem Dorf. Eine internationale Landstraße, Bahnstation, ein paar Häuser, nicht mehr als ein Stockwerk hoch, ein paar Läden. Ringsum Wald. Mehr gibt es nicht. Hier errichteten die Deutschen im November 1941 ein Lager. Die Transporte kamen vorwiegend aus dem östlichen und westlichen Galizien. Aus kleinen und mittleren Städten, in denen die Juden manchmal die Mehrheit der Bevölkerung ausmachten. Man brachte sie aus der Gegend des ukrainischen Kolomyja, wo der Chassidismus entstanden war, der mit seiner freudigen und

plebejischen Heiligkeit in die ganze jüdische und nicht-
jüdische Welt ausstrahlte. Man brachte sie aus dem heutigen Polen, aus meiner Gegend: aus Dukla, Żmigród,
Gorlice. Es sind keinerlei Dokumente erhalten. Gut
möglich, dass es gar keine gab. An den Orten der Verladung wurde die Anzahl der Menschen mit Kreide an
den Waggon geschrieben. Nach der Ankunft in Bełżec
wurde überprüft, ob die Zahl stimmte. Dann trieb man
Waggon für Waggon durch einen schmalen, von Stacheldraht umzäunten Gang zu einem Holzgebäude.
Über dem Eingang hingen ein Davidstern und die Auf-
schrift, dass dort Bad und Inhalatorium seien. Anscheinend deutscher Humor. Hinter dem Gebäude arbeitete
in einem separaten Schuppen der Motor eines sowjetischen T-34-Panzers und pumpte die Abgase ab. Er war
mit Filtern ausgestattet, die bewirkten, dass der Rauch
vollkommen geruchlos wurde. In den Gaskammern
hingen Attrappen von Duschköpfen von der Decke.
Nach zwanzig Minuten wurde die Tür geöffnet, und ein
jüdisches Sonderkommando zog die nackten Leichen
heraus, denen man dann die Silber- und Goldzähne he-
rausbrach. Den Mastdarm suchte man nach Wertsachen
ab. Dann verscharrte man die Leichen in großen Gru-
ben direkt neben den Gaskammern. Später kamen die
Analytiker der Ausrottung jedoch zu dem Schluss, dass
alle Spuren beseitigt werden sollten. Man buddelte die
Leichen aus und verbrannte sie unter freiem Himmel.
Auf Rosten aus Eisenbahnschienen: eine Schicht Körper, eine Schicht Holz, eine Schicht Körper, eine
Schicht Holz und eine leicht entzündliche Flüssigkeit,
Öl, Erdöl. Die nicht verbrannten Knochen mahlte man

in einer Spezialmühle und verstreute sie mit dem Wind. Alles in einer Entfernung von dreihundert, vierhundert Metern von den Häusern, in denen Menschen lebten. Erzählungen behaupten, die Bewohner von Bełżec hätten wochenlang menschliches Fett von den Fensterscheiben entfernt. Das Fett von fünfhunderttausend Juden.

Von diesen fünfhunderttausend haben zwei überlebt. Einer von ihnen – Chaim Hirszman – wurde nach dem Krieg Funktionär des kommunistischen Sicherheitsdienstes UB. 1946 erschossen ihn Leute des antikommunistischen Untergrunds in seiner eigenen Wohnung. Heute ist schwer zu sagen, ob sie ihn als Juden oder als Kommunisten töteten.

Es regnete, der Schnee schmolz. Das ganze Gelände des Lagers ist mit Schotter, Steinen, Resten aus den Öfen, Schlacke bedeckt. An der Stelle, wo der Weg zu den Gaskammern lag, ist ein Spalt in die Erde gehauen. Man geht tiefer und tiefer hinein, bis der Himmel oben fast verschwindet. In die Granitwände sind Hunderte von Namen gemeißelt. Die Nachnamen sind nicht überliefert, also hat man Vornamen eingraviert: Genia, Genndla, Haskiel, Hedda, Hudesa, Icchak, Icek, Ichel, Juda, Jude, Judel, Judes … Einige Hektar Asche und Vornamen ohne Nachnamen. Im Juni 1943 liquidierten die Deutschen das Lager und beseitigten alle Spuren. Nur die Einheimischen wussten, was dort wirklich passiert war. Nach dem Krieg, als die Deutschen weg waren, wühlten sie in der Erde, suchten nach Geld und Brillanten.

Es regnete, außer mir war nur ein Paar aus Mexiko mit einem polnischen Fremdenführer hier. Die beiden versuchten etwas zu verstehen, aber sie konnten sich nur an den Händen halten und hilflos umsehen. Gleich hinter der Umzäunung begann der Wald, der sich bis zur Grenze zieht. Zur Grenze der Europäischen Union. Außer Bełżec hatten die Deutschen in dieser Grenzregion zwei weitere Lager errichtet, die ausschließlich der Vernichtung der Juden dienten. In Treblinka und in Sobibór. Beide in den Wäldern, und von beiden war keine materielle Spur erhalten. Alle drei lagen am Rande der »europäischen Zivilisation«, das heißt dort, wo für die Deutschen die Barbarei begann, das Nichts.

In der Slowakei wohnen sie oft in Siedlungen, die sie selbst gebaut haben. Die Materialien, aus denen die Häuser gefertigt sind, sehen aus, als wären sie von jemandem weggeworfen beziehungsweise zufällig gefunden worden: Blechstücke, Plastikfetzen, Steine, rohes, nicht entrindetes Holz direkt aus dem Wald. Die Siedlungen liegen in der Regel an der Peripherie kleiner Städte oder größerer Dörfer. Es herrscht darin eine unablässige Bewegung, als würden die Leute ständig etwas bringen, hinzufügen, anbauen, stützen, als würden sie ständig versuchen, ihren wackeligen, vorübergehenden Behausungen eine dauerhafte Form zu verleihen. Aber auch so sieht es aus, als würden sie sie gleich wieder verlassen, wie man ein Lager verlässt. Manchmal leben sie in kommunalen Betonslums, die an Gefängnisse erinnern, doch die Trostlosigkeit der Architektur geht unter, wird von der Materie des Lebens verdeckt: Scharen von Kindern, Typen, die gestikulierend in Gruppen zusammensitzen, die farbigen Kleider der Frauen, ausgeweidete Autowracks, eine einzige Rumpelkammer, überall aufgehängte Wäsche, Lagerfeuer – als würde das Leben beim besten Willen nicht zwischen vier Wände passen, sondern in einem ununterbrochenen Strom in die Welt entweichen.

In Transsilvanien kann man sie in Dörfern treffen, die in den letzten Jahren von den seit dem 13. Jahrhundert dort ansässigen Deutschen verlassen worden sind. Sie leben im Schatten gotischer Wehrkirchen, aber es sieht nicht danach aus, als würden sie ihnen mehr Aufmerksamkeit widmen als dem Rest der Welt. Sie nutzen, was sie vorgefunden haben, aber sie haben wohl nicht das Bedürfnis, irgendetwas Dauerhaftes zu hinterlassen. Ihre Zeit läuft neben unserer her, ihr Raum trifft nur gelegentlich mit unserem zusammen. Einmal habe ich in dem rumänischen Dorf Iacobeni versucht, mit einigen Kindern zu reden. Sie waren offen, kontakthungrig, sprachen alle durcheinander und benutzten Wörter aus drei, vielleicht auch vier Sprachen. Darunter auch ein paar polnische. Ich fragte nach und bekam schließlich zu hören: »Warszawa Centralna! Warszawa Centralna!« Der etwa zehnjährige Junge begann mit Feuereifer von dem Warschauer Bahnhof zu erzählen, aber ich konnte nicht verstehen, ob er dort geboren war oder einfach nur viel Zeit dort verbracht hatte. Dieses Kind wusste wesentlich mehr über meine Welt als ich, der ich damals vierzig war, über seine. Ich versuchte mir vorzustellen, welchen Raum sein Geist, seine kindliche Vorstellungskraft umfasst, aber ich konnte es nicht, weil ich in Kategorien von Grenzen dachte, von geografischen Abschnitten und Teilen der Welt, während für ihn Warszawa Centralna und das Dorf Iacobeni zur gleichen Ordnung gehörten.

Immer wenn ich durch meinen Teil Europas reise, schaue ich mich nach ihnen um. Im Norden Ungarns sehe ich sie zwischen brennenden Müllhalden, wie sie fleißig Plastik, Glas und Metall sortieren, um es dann mit lächerlichem Gewinn zu verkaufen. In Oltenien betrachte ich ihre verrückten vielstöckigen Schlösser, die dem guten Geschmack Hohn sprechen und eine Huldigung an die eigene Phantasie sind. Manchmal sehe ich sie, wie sie an der Landstraße neben einem Mercedes mit offener Kühlerhaube stehen und dramatisch mit den Händen fuchteln, um Hilfe zu holen – alles, um einer verirrten guten Seele irgendetwas zu verkaufen, zu einem Preis, der höher ist als der Wert. Oder sie stehen einsam herum, in der Hand ein Glas mit goldenem Muster. Oder sie liegen im Schatten von Bäumen an der Straße, mit Körben voller Beeren und Pilze, und warten auf einen Käufer. Oder sie erscheinen in der Kurve einer Serpentine in den Bergen des Maramureş in einer Kavalkade völlig ramponierter Pferdewagen, auf denen kaputte Planen und Plastikfetzen wehen, und winken freudig dem Auto zu, das um ein Haar dem Crash entkommen ist. Oder sie spielen am Grenzübergang in Tornyosnémeti mitten im frostigen Winter ein trauriges Lied, ohne auf die gerissenen Saiten zu achten, und sagen in einem gebrochenen Allgemeinslawisch: »Herr, Rezession, Herr, Budapest weit ...«

Angesichts aller Zeichen am Himmel und auf Erden und nach allem gesunden Menschenverstand dürften sie schon lange nicht mehr da sein, müssten längst verschwunden sein, aufgegangen in der Masse der europäischen Völker, Länder und Sprachen. Sie hatten nie Land, sie hatten nie eine Schrift, die zur Aufzeichnung der eigenen Geschichte hätte dienen können. Ohne aufgezeichnete und geordnete Geschichte haben wir schließlich kein Existenzrecht, denn in wessen Namen sollten wir dann unser Überleben fordern? Sie indessen kommen ohne Vergangenheit aus, allenfalls schützt sie eine Art Legende oder Märchen, eine Erzählung, die für uns im besten Fall poetische Fiktion ist. Siebenhundert Jah-

re in einem ungünstigen, oft feindlichen Milieu, das ist
eine imponierende Leistung. Siebenhundert Jahre ohne
bedeutende Kompromisse und Zugeständnisse ist etwas,
das Bewunderung weckt. Deshalb halte ich immer Ausschau nach ihnen, wenn ich durch meinen Teil Europas
fahre. Sie sind für mich ein Zeichen von Beständigkeit,
Gleichgewicht. Jedenfalls in der Bedeutung, in der die
Frage der Antwort Sinn verleiht. Ihre Gegenwart stellt
eine Herausforderung für die unkritisch durch alle Ka-
sus deklinierte Identität Europas dar. Sie leben in seiner
Mitte und leben doch daneben, und zu allem Überfluss
scheinen sie uns diese europäische Identität keinesfalls
zu neiden.

In der kleinen slowakischen Stadt Spišské Podhradie
gehört das Viertel, in dem sie wohnen, schon zur Peripherie. Der Fluss trennt es vom Zentrum. Die zehn bis
zwanzig einstöckigen Häuser liegen in einem Gebiet,
dessen Ende auf der einen Seite die Ruinen einer Mik-
we und auf der anderen eine für immer geschlossene
Synagoge bilden.

Mein Grenzübergang zur Slowakei ist fast tot. Der Pass schneit zu. Die verlassenen Gebäude gehen in Schneewehen unter. Nach Einbruch der Dunkelheit ist alles finster, bedrohlich, unwirklich. Der Gedanke an ein Spukschloss in den Karpaten drängt sich auf, mit einem slawischen Dracula, der durch die eisigen Gemächer irrt. Auf der slowakischen Seite ist ein wenig Licht. Zwei kleine Alkoholgeschäfte harren heldenhaft aus inmitten von Schneestürmen und Winden. Aber fast keiner besucht sie mehr. Die in Pullover und Pelze gepackten Verkäuferinnen sterben vor Langeweile zwischen ihren Flaschen mit Bier, Likör, Brandy und Wodka. Sie gähnen, kratzen den Reif von den Fensterscheiben und halten nach Kunden Ausschau. Aber fast niemand hält hier an. Jahrelang war Alkohol in der Slowakei billiger als in Polen, und die Läden waren von morgens bis abends von Lärm erfüllt. Im Sommer musste man in langen Schlangen stehen. Aber jetzt komme wohl nur noch ich, um ein paar Flaschen slowakischen Frankovka zu kaufen, einen leichten Rotwein mit herbem Nachgeschmack. Danach kann ich mich nicht zurückhalten und streife durch alle möglichen Winkel des Übergangs, zu denen man früher keinen Zutritt hatte. Ich schnüffle herum, wo vorher nur die Grenzer und Zöllner hindurften. Orte, die von einer Behörde verlassen wurden, haben etwas Unheimliches. Sie sind sofort vollkommen unbrauchbar und verwaist. Dieser ganze Komplex sollte das Grenzgebiet beherrschen, er war Demonstration der Staatsmacht, und jetzt tobt da der Wind und weht

Schneedünen an die Stellen, wo früher die Landrover der Grenzbeamten parkten. Eigentlich kann man sich dort statt Dracula die spukenden Seelen der arbeitslosen Feldwebel und Oberleutnants vorstellen, die im winterlichen Nebel zwischen den gläsernen Flächen herumstreunen. Es scheint, wenn die Macht geht, hinterlässt sie das blanke Nichts. Die Orte, die sie vorher eingenommen hat, sind auf der Stelle tot. Als die Grenze real und undurchlässig war, pulsierte hier das Leben. Die Interessen derer, die sie bewachten, und derer, die sich der Kontrolle zu entziehen versuchten, durchdrangen sich gegenseitig. Zöllner und Schmuggler. Hunde, die nach Semtex und Drogen suchten. Das Durchwühlen des Gepäcks. Das Zittern: Finden sie die überzähligen Flaschen Wein aus Ungarn oder nicht? Die Neugier: Werden sie diesmal sympathisch oder eher schroff sein? Und die ständige Spannung zwischen den Uniformen, die nach Ordnung und Selektion streben, und der Zivilkleidung, die das Streben nach Anarchie und verwischten, undurchsichtigen Grenzen verkörpert. Man könnte sagen, das Leben hier hatte eben deshalb eine höhere Temperatur und einen höheren Druck, weil man es einzuschränken, zu formen und abzuschneiden versuchte. Es brodelte wie Wasser in einem zu dicht verschlossenen Topf.

Mein Konieczna ist also fast tot. Nur schwache Glühbirnen leuchten in den Lädchen mit Alkohol, den keiner mehr kauft. Genauso ist es in Barwinek, knapp fünfzig Kilometer östlich davon. Der Grenzübergang dort ist riesig und kann einen durch seine Verlassenheit in Melancholie stürzen. Hektarweise Beton, Blech, Asphalt und verstaubtes Glas. Im Labyrinth der Parkplätze, Durchgänge, Tore und Hangars wütet die Leere. Hier und da liegen irgendwelche Reste in den letzten Zügen – ein Lädchen, ein Büro in Auflösung, Reglosigkeit. Ringsum erstreckt sich der Wald, der den niedrigsten Pass der Karpaten überzieht – den Dukla-Pass. Hier prallten in beiden Weltkriegen die großen Armeen aufeinander, und die Leute graben bis heute Knochen und verrostete Waffen aus. Doch mit jedem Jahr versinken diese Überbleibsel tiefer in der Erde und werden von dem immer älteren und dichteren Wald bewachsen. Ich finde, so sollte auch das Schicksal der früheren Grenzübergänge aussehen. Die Natur sollte sie in Besitz nehmen. Wald sollte sie überwuchern, Vögel sollten ihre Nester und Füchse ihre Höhlen dort bauen. Die Landschaft sollte verheilen wie eine Wunde und nur das Band der Straße übriglassen. Diese Vision ist natürlich extrem utopisch und ästhetisierend, aber sie ist von der Befürchtung begleitet, dass die Grenzbeamten eines Tages wiederkommen könnten. Daran denke ich immer, wenn ich mich an diesen ausgestorbenen, gähnend leeren Orten befinde. Für Überwachung und Kontrolle geschaffen, sind sie zu nichts anderem zu gebrauchen. Es ist gut möglich, dass ihr Fortleben, ihre ständige Anwesenheit in der Landschaft symbolische Bedeutung haben: Sie geben uns ein Zeichen, dass wir der Zukunft nicht allzu sehr trauen sollten. Die Zukunft, auf die wir hoffen und die wir uns wünschen, könnte es sich einfach anders überlegen und umkehren, um sich in den kalten Gebäuden von Konieczna und Barwinek wieder häuslich einzurichten.

für Priester Wojciech Lemański

Ich versuche mir die Kirche meiner Kindheit vorzustellen, aber es ist immer die Kirche mit Kleinbuchstaben. Sie ist eine sonntägliche Gemeinschaft in einem engen neogotischen Bau auf einem sandigen Hügel. Sie glich damals eher einer Kapelle als einem ausgewachsenen Gotteshaus. Später, Mitte der siebziger Jahre, erhielt die Gemeinde ihren Vorkriegsbesitz zurück, das heißt, das Gebäude des Kinos Ustronie. Jetzt fanden die Messen in einem kalten Betonbau statt, der seiner Sessel, Projektoren und Leinwand beraubt war. Zum Kino musste man nun sieben Haltestellen mit dem Bus fahren, es war das finstere Kino »Chemik« bei der Firma Polfa Tarchomin. Damit konnte ich mich nie abfinden, denn im Ustronie hatte ich den ersten Film meines Lebens gesehen – Winnetou 3. Nicht ausgeschlossen, dass ich gerade damals das Gefühl hatte, dass die Kirche nicht nur eine sonntägliche Gemeinschaft, sondern auch eine unsensible, unpersönliche Macht war, die mir das Kino wegnahm, in dem ich geweint hatte, als Winnetou starb.

Von der Existenz der Bischöfe hatte ich lange Zeit keine Ahnung. Zur Firmung ging ich erst mit ein- oder zweijähriger Verspätung, und meine Auflehnung oder auch Emanzipation war schon so groß, dass mir die Person, die das Sakrament spendete, ziemlich operettenhaft vorkam. Sollte ich tatsächlich den Ring geküsst haben, so habe ich diese Geste erfolgreich verdrängt. Existierte die Hierarchie überhaupt in meinem oder auch im allgemeinen Bewusstsein? Ich erinnere mich an ein alt-

modisches, auf hartem Karton gedrucktes Schwarz-
weißfoto von Kardinal Wyszyński. Es stand an einer
nicht besonders exponierten Stelle bei uns zu Hause.
Auch Paul VI. hatte sicher irgendwo seinen Platz. Vielleicht im Gebetbuch? Jedenfalls machte sich der büro-
kratische Überbau von Bischof und Primas nicht besonders bemerkbar. Er verdeckte nicht die tägliche Re-
ligiosität. Wir gingen in die Kirche. Wir gingen in den
Religionsunterricht, der in einem schattigen kleinen
Raum stattfand, nicht einmal neben der Kirche, die zu
weit entfernt war, sondern in einem Privathaus am
Waldrand. Der Unterricht bekam dadurch etwas Mär-
chenhaftes, etwas von einem geheimen Brauch. Eines ist
sicher: Hochmut und Arroganz der Mächtigen war bei
der Kirche in jener Zeit nicht zu spüren.

Die Zeit des mittleren Kommunismus war für die
Kirche – die mit Kleinbuchstaben, die für den Alltag –
wohl die beste. Mäßig verfolgt, diskret toleriert, war sie
zugleich ein Zeichen des Widerstands und des Kom-
promisses. Weder demonstrativ reich noch besonders
arm, begleitete sie gewöhnliche Menschen in ihrem gewöhnlichen Leben. Mein Pfarrer und Religionslehrer
fuhr zwar einen Volkswagen Käfer, aber das war eher
Ausdruck seines Temperaments als ein Zeichen von Lu-
xuria, Superbia oder Avaritia. Außerdem teilte er diesen
damaligen Luxus gern mit uns, lud uns zu siebt oder zu
zehnt ins Auto und chauffierte uns nach Hause.

Wer weiß, ob nicht eben damals die polnische Kirche dem Evangelium so nah war wie sonst nie in ihrer
Geschichte? Schließlich gibt es nichts Schlimmeres als
eine triumphierende Kirche, eine Kirche, die nach

Macht strebt, die sich mit dem Thron verbündet, mehr noch, nach dem Thron greift. Schließlich sollte die Kirche verfolgt werden, wie jene verfolgt wurden, denen der Herr gesandt wurde. Wenn ich irre, bitte ich, mich zu korrigieren.

Im Juni 1979 lag ich die ganze Nacht auf dem erwärmten Pflaster der Altstadt und wartete zusammen mit den anderen, dass der Papst eintrifft und wir ihn willkommen heißen können. Ich war damals weit entfernt von der Kirche, aber ich teilte die Freude und die Hoffnung der Menschen. Ich hatte keine Ahnung, dass das lange Pontifikat von Johannes Paul II. die polnische Kirche in Hibernation versetzen und ins geistige Abseits drängen würde. Die Welt begann sich radikal zu verändern, aber wir hatten Johannes Paul. Der Kommunismus fiel, man musste schnell eine neue Wirklichkeit aufbauen – wir hatten den Papst. Kapitalismus und Globalisierung bringen ein Leben mit sich, das ungeahnte Tugenden von uns verlangt – wir haben den Papst. Hunderttausende fühlen sich verloren und fragen nach dem Sinn des Lebens – wir haben den Papst. Die biotechnologische frohe Botschaft verkündet, dass der Mensch (der reiche Mensch) demnächst dem lieben Gott ein Stück Unsterblichkeit abzwacken wird – wir haben den polnischen Papst. Andere Götter werden genauso real wie unser Gott – unser Papst schützt uns. Der ehemalige Priester hatte recht: Wir haben ein goldenes Stammeskalb bekommen und sind zufrieden und blind für die Welt. In meiner Gegend stehen entsetzliche Figuren von Johannes Paul in Gärten und Höfen herum wie Gartenzwerge. Das Radio aus Toruń spielt seine

Stimme fast wie eine Erkennungsmelodie. Jetzt, da er heiliggesprochen werden soll, wird er ein Symbol für den kirchlichen wie auch den nationalen Hochmut sein.

Ja. Ich bin der Meinung, dass die Kirche im Kommunismus besser war. Jedenfalls christlicher. Ihre Demut war erzwungen, aber mit Sicherheit näher an dem, der sie begründet hat. Im Radio, in den Zeitungen, im Fernsehen gab es keine Bischöfe. Sie lebten ihr eigenes Leben, man sah sie nur während der Firmung. Der Pfarrer war ein ganz normaler Mensch, denn er musste auf zwei Stühlen gleichzeitig sitzen. Außerdem bin ich der Meinung, dass die Kirche vor dem Pontifikat von Johannes Paul II. besser war. Sie war eine von vielen Kirchen auf dieser Welt, weder besser noch schlechter als andere. Der größte Nutzen, den das polnische Papsttum gebracht hat, sind diese über das ganze Land verteilten Albträume aus Beton, Gips und Epoxid. Darüber hinaus sehe ich keine großen Veränderungen, die aufgrund der Einmischung des Heiligen Geistes stattgefunden hätten. Anderswo – ohne seine Einmischung – sind die Verhältnisse ähnlich, wenn nicht besser.

In meiner Jugend gab es keine Bischöfe im Fernsehen. Auch nicht in den Zeitungen. Die Kirche hatte das Gesicht des Pfarrers und des Vikars. Sie – die Priester – und wir – die Gläubigen – wurden sanft und diskret verfolgt. Das bewirkte, dass wir uns als Gemeinschaft fühlten. Ich hätte nichts dagegen, wenn diese Zeiten – in religiöser Hinsicht – wiederkämen.

Bei Tagesanbruch kommen die Meisen angeflogen. Das Haus ist aus Holz, also hört man deutlich, wie sie auf der Veranda an dem gefrorenen Speck und den Schweinerippen picken. Letztere hänge ich auf, um zu beobachten, wie allmählich das Fleisch verschwindet und die nackten Knochen zum Vorschein kommen. Ein Kilo reicht ungefähr für einen Monat.

Je stärker der Frost, desto lauter das Hacken der Schnäbel. Die leichten, zarten Vögel reißen mit Raubtierenergie kleine Krümel von gefrorenem Fleisch heraus. Nach einer langen Nacht sind sie ausgehungert. Sie kommen angeflogen, plustern sich auf, verjagen sich gegenseitig. Es kommt ein gutes Dutzend. Kohlmeisen, Blaumeisen, Dompfaffen. Wenn Ostwind weht, müssen sie kämpfen, um sich auf den schaukelnden Fleischstücken zu halten.

Ich habe sie aus ihrer Wildheit herausgelockt, jetzt muss ich aufpassen, dass es ihnen nicht an Nahrung fehlt. Die graue Katze kommt und schaut mit unbewegtem Blick. Eigentlich sind die Vögel unerreichbar für sie, aber hin und wieder macht einer einen Fehler, fliegt ein Stück tiefer oder versucht für einen Moment auf dem Boden der Veranda zu sitzen. Vor ein paar Tagen habe ich eine tote Meise gefunden. Zwischen den Federn war noch ein Rest Wärme zu spüren. Die Katze hatte sie getötet, aber nicht einmal angenagt. Ich wartete, bis sie kalt war, und legte sie in den Ofen. Er war an, und so verbrannte sie augenblicklich und flog mit dem Rauch davon.

Mit dem Helfen muss man vorsichtig sein.

Aber ich tue das nicht aus Altruismus. Es macht mir Freude, ihnen zuzusehen. Die Landschaft vor dem Fenster ist groß, weiß und vollkommen reglos. Tagelang geschieht nichts. Nur die Vögel wirbeln, kommen angeflogen, flattern weg, um gleich wieder zurückzukehren, für den nächsten Bissen. Manchmal glaube ich, ich erkenne sie, ich könnte die eine oder andere Kohlmeise von den anderen unterscheiden. Aber das ist eine Illusion. Sie sind schnell, keine Sekunde sind sie ohne Bewegung. Was sie fressen, verbrennen sie sofort. Wenn die Temperatur manchmal auf minus fünfzehn, minus zwanzig Grad fällt, stelle ich mir ihre Nächte vor. Sie sitzen auf einem Ast, an einem windgeschützten Platz und plustern die Federchen und das Daunenfutter auf, um so viel Wärme wie möglich zu halten. Bis an den Rand der Welt erstreckt sich froststarres Dunkel, und sie sind in den schwachen Schlag ihrer kleinen Herzen vertieft und versuchen zu überleben. Dann bricht der Tag an, und sie schälen die Schweinerippen ab bis auf die weißen Knochen. Der Anblick ist leicht pervers: Span für Span, Fetzen für Fetzen, in kleinsten Teilchen verschwindet der Tierkörper. Es ist fast, als würde er verdampfen, sich in Luft auflösen. Manchmal trete ich heran und sehe mir die Hunderte von Spuren an, Hunderte von winzigen Vogelstichen. In einem Monat werden nur die Stäbe der Rippen und einige trockene Fasern dazwischen übrig sein. Dieses Verschwinden interessiert mich, die Verwandlung von Fleisch in Kalorien, in Geflatter, in Leben.

Am Morgen kommen alle zusammen. Sie sind so

viele, dass sie aussehen wie ein Schwarm von großen
Insekten. Die flatternde Wolke verdeckt sowohl die
Rippen als auch den Speck.

Manchmal erscheint ein einsamer Kleiber. Graublau
mit gelblichem Bauch, von den Farben her ein entfern-
ter Verwandter der Kohlmeisen. Am schönsten ist sein
Make-up: ein ägyptischer Strich, der sich vom Auge
über die Schulter bis unter den Flügel zieht. Der lange
Schnabel stellt eine vornehme Verlängerung dieser Linie dar. Der Kleiber wählt jedoch das Vogelhäuschen, in
das ich ein paar Handvoll Sonnenblumenkerne gestreut
habe. Bevor er hineinschaut, bleibt er auf dem Geländer
sitzen und sieht sich aufmerksam um. Witzig, wie er das
Köpfchen hebt. En face sieht er nicht so elegant aus wie
im Profil. Schließlich fliegt er in das Häuschen, nimmt
zwei oder drei Kerne in den Schnabel und fliegt wieder
weg. Ich kenne mich nicht mit Vögeln aus, ich weiß
nicht, ob er den Kern einfach schluckt oder ob er sich
an einen ruhigen Ort setzt und den fetten Inhalt aus der
schwarzen Schale pult. Aber der Kleiber ist ein seltener
Gast. An normalen Tagen habe ich hier die große Masse
der Meisen. Eine Bande, die Veranda und Tisch mit weißen Exkrementen sprenkelt. Im Frühjahr muss man
dann scheuern. Aber diese Wanderung von Materie ist
auf ihre Weise interessant: Das Essen nimmt ab, der Kot
nimmt zu. Daraus entsteht die Bewegung der Vögel.

Ich sitze drei Meter entfernt, getrennt durch die
Fensterscheibe. Manchmal unterbricht ein Vögelchen
das Picken und setzt sich auf das äußere Fensterbrett, auf
irgendwelchen Kleinkram, der da rumsteht. Es setzt sich
hin und schaut mich an. Legt das Köpfchen schräg und

guckt. Wir sehen einander an. Schauen aus unseren Welten hinaus.

Aber offenbar bin ich nicht interessant für die Vögel, gleich kehren sie wieder zu ihrer unterbrochenen Mahlzeit zurück. Kleine, gefiederte Bällchen, in denen Wärme steckt und ein Herzchen von der Größe einer viertel Erbse tuckert. Später fliegen sie weiter. In die Tiefe der endlosen Landschaft, weit in dieses unbarmherzige Weiß hinein, in den Frost, der Wasser, Erde und das Blut in den Organismen gefrieren lässt. Und es gibt kein feineres Blut als Vogelblut.

Ich spreche zu euch aus großer Ferne. Ich spreche zu euch aus der Tiefe meines Lebens heraus. Meine Worte sind durchdrungen von all dem, was geschehen ist. Vergangenheit und Erfahrung verleihen ihnen Sinn. Hätte ich, sagen wir, vor zehn Jahren gesprochen, so hätten die Worte etwas anderes bedeutet, sie hätten eine andere Geschichte erzählt. Sie wären jünger gewesen. Und wenn ich vor dreißig Jahren gesprochen hätte, so ist nicht auszuschließen, dass die Worte geklungen hätten, als wollten sie nie verstummen. Als würde die Stimme nie erlöschen.

Wir sprechen immer aus der Vergangenheit unseres Lebens heraus, das dunkel und für andere unbekannt ist. Auch für mich selbst ist es dunkel und unbekannt, können die Worte doch lediglich berühren, was ich erlebt habe. Bisweilen kommt es uns vor, als würde die Erinnerung, all das, was unsere Existenz bestimmt, erhalten bleiben. Aber das stimmt nicht. Erhalten bleibt nur ein Teil – die Erzählung. Der Teil, den wir zu tragen imstande sind.

Ich spreche jetzt zu euch aus der Tiefe meines Lebens heraus. Ob ihr mich wohl versteht? Bedeutet doch allein das Wort »Leben« für jeden von uns etwas anderes. Ist doch das »Leben« für jeden von uns vor allem das eigene Leben. Wenn ich also aus der Tiefe meines Lebens zu euch spreche, in einer fremden Sprache, als Bewohner einer fremden, unbekannten Gegend, was werdet ihr verstehen? Die Wahrheit, die in den Worten liegt? Das, was ich verstehe? Oder das, was ihr braucht, was ihr für eure Erinnerung, für euer Leben braucht? Ich weiß es nicht, und ihr wisst es wahrscheinlich auch nicht. Mehr noch, weder ihr noch ich werden zu lange darüber nachdenken, denn wir wollen unser geistiges Gleichgewicht bewahren. Wir wollen uns die Erschütterung ersparen, den Schock, der von der Entdeckung ausgeht, dass die Sprache uns eher entfernt als einander näherbringt.

Wir sprechen einfach. Erzählen Geschichten. In einem Lärm, wie es ihn nie zuvor gegeben hat auf der Welt. Wir können heute alle, fast alle, sprechen und in der Hoffnung leben, dass andere uns hören. Wir können täglich unsere Worte, unsere geformten Gedanken in den Raum schicken. Wir trinken morgens unseren Kaffee und drücken die Tasten. Früher haben wir gebetet. Jetzt schicken wir Phantome unserer Existenz in den Abgrund des Netzes: Hier bin ich, ich existiere, ich will nicht unbemerkt sterben, stumm, unsichtbar, vergessen. Das ist das Gebet von heute. Sprechen, Zeichen geben, Feuer anzünden auf den unbewohnten Inseln unserer Existenz. Wir erzählen von uns, wir vervielfältigen Bilder von uns, weil Leere und Stille uns nicht schlafen lassen. Wir sprechen, wir machen Lärm, lauschen unseren eigenen Worten. Auf Antwort warten wir nicht – es wird keine kommen. Weil es keine Antwort gibt; wir können nur sprechen. Wenn wir Lärm machen, haben wir das Gefühl, dass wir leben. Mit dem Lärm vertreiben wir den Tod.

Ich bin Schriftsteller und erzähle Geschichten. Dabei versuche ich, ihnen so viel Leben wie möglich einzuhauchen. Nicht im banalen Sinn von Handlung, Bewe-

gung, Veränderung, soziologischer oder psychologischer
Beobachtung, sondern im Sinne persönlicher Erfahrung. Leben ist für mich Begegnung mit der Welt – Begegnung des Geistes, der Sinne, des sensiblen Gedächtnisses. Begegnung der Identität mit der Wirklichkeit. Kurzum – Erfahrung. Meine Geschichten sollen von Erfahrung durchdrungen sein, das war mir immer wichtig. Das Wunder der Erfahrung. Ein schönes und zugleich tragisches Wunder, denn eine zweite Chance wird es wohl nicht geben. Eine andere Welt wird es nicht geben. Schauend, schreibend, lebend, hatte ich das erschütternde, grausame und zugleich heroische Gefühl, dass alles nur einmal geschieht, dass es dauert, solange es dauert, und dann für immer vergeht. Für immer. Jede Sekunde, jeder Augenblick, jede Geste, jedes Bild. Mein Refrain, mein Memento war »nie mehr«. Deshalb wollte ich jeden Tag, jeden Sieg, jede Niederlage zweifach erleben. Vielleicht bin ich gerade deshalb Schriftsteller geworden. Das Schreiben bietet die Chance der Rückkehr, das zwar trügerische, aber doch so betörende Gefühl, in gewisser Weise beherrsche man die Zeit. Man könne zu den Bildern, Gerüchen, Lauten und Gefühlen zurückkehren. Es gebe die Möglichkeit, das Vergangene zu wiederholen, und das Vergangene könne uns ein zweites Mal berühren, da es nicht mehr offensichtliche Gegenwart, sondern Gegenstand der Sehnsucht ist, und diese Sehnsucht werde dadurch gestillt. Das ist es, was ich mit meinem Schreiben immer wollte: den Tod von Menschen, Ereignissen und Dingen hinauszögern, wissend, dass er kommen wird. Den Tod der Welt hinauszögern. Meine Geschichten wie Dias zwischen das schie-

ben, was war, und das, was sein wird. Oder wie einen Satz Linsen, die das eine näher herholen und das andere in die Ferne rücken. Hintergehen wollte ich den Tod nie. Ich wollte nur, dass das Leben an Intensität gewinnt. Dass es sich dank der Erzählung verdoppelt, verdreifacht, vervielfacht. Der Tod ist ein großer Herr. Ihm haben wir es zu verdanken, dass unsere Wünsche und Bedürfnisse erwachen. Wäre nicht der Tod, empfänden wir nur Gleichgültigkeit, denn in der Ewigkeit würden wir früher oder später ohnehin auf alles treffen, was wir uns nur vorstellen können. Ständig würden wir auf Dinge und Ereignisse unserer Welt stoßen, und sie wären so viel wert wie tausend rumänische Lei vor der Währungsreform – nicht einmal Zigeunerkinder wollten sie haben. Deshalb schreibe ich aufmerksam und mit Achtung über das Leben und habe dabei den Tod im Blick. Wäre nicht der Tod, würde ich schweigen und mich mit der Vermehrung von Dingen und Ereignissen beschäftigen statt mit der Vermehrung von Geschichten. Oder auch mit gar nichts, was angesichts der Ewigkeit sinnvoll erscheinen mag. Aber ich schreibe. Ich mache lichtempfindliche Abzüge des Vergangenen. Sogar wenn ich die Gegenwart beschreibe, ist sie gesättigt von all dem, was gewesen, was geschehen ist, was existiert hat. Der heutige Tag ist die Summe der vergangenen Tage, denn er ist unser Tag, und wir sehen ihn mit den Augen, in denen die vergangenen Tage gespiegelt sind; gespiegelt und aufbewahrt.

Und dann gehe ich zu einer Veranstaltung irgendwo in Polen, in Deutschland oder anderswo. Meine Leser kommen – zumindest ein Teil von ihnen. Ich lese etwas,

dann reden wir. Wir versuchen uns über die Welt auszu-
tauschen. Ich mit Hilfe des Schreibens, sie mit Hilfe der
Lektüre. Manchmal dauert es länger, manchmal kürzer,
dann gehen wir auseinander. Ich ins Hotel, sie nach
Hause. Ich weiß nicht, wie es den Lesern geht, ich jedenfalls habe oder hatte in der Regel ein Gefühl des
Scheiterns. Eines Scheiterns, mit dem ich mich mehr
und mehr versöhne. Ich habe gelesen, geredet, meine
Bücher signiert und bin dann in die Dunkelheit irgendeiner polnischen, deutschen oder einfach europäischen
Stadt verschwunden, mit dem Gefühl der Niederlage.
Mit dem Gefühl, dass es mir nicht gelungen ist, etwas zu
vermitteln, jedenfalls nicht viel. Von der Erzählung, in
die ich meine Erinnerung und meine Gefühle einge-
bracht habe, meine Angst vor dem gierigen Nichts, von
der Erzählung, in die die Liebe zu dem eingeflossen ist,
was ich vorgefunden habe und was nie wiederkehren
wird – von all dem bleiben nur Einzelheiten, Episoden,
Schatten, Splitter. Und jemand fragt mich: »Warum sind
Ihre Bücher so traurig? Warum ist darin so viel Pessi-
mismus? Warum sind Ihre Helden unglücklich? Warum
ist Ihre Welt so finster?«

Ja. Ich spreche zu euch aus großer Ferne. Ich spreche
aus der Tiefe meiner Welt, die ihr nicht verstehen könnt.
Das soll kein Vorwurf sein. Ebenso wenig habe ich Zu-
gang zu eurer Welt. Ich kann es versuchen, aber ins Innere werde ich nicht vordringen. Ins Innere eurer Erzählung werde ich nicht gelangen. Mein Blick, meine
Neugier gleiten über die Oberfläche. Ich hole mir davon nur so viel, wie ich zur Bestätigung meiner Ahnun-
gen brauche, so viel, wie ich für meine eigene Erzäh-

lung brauche. Nur so viel? Oder doch so viel? Ich weiß
es nicht.

Dennoch treffen sich Menschen, um einander zuzuhören. Sie holen sich aus ihren Geschichten, was sie
brauchen. Nicht unbedingt das, was der andere geben
wollte. Aber so muss es wohl sein. Wir müssen uns damit
abfinden, dass wir unseren Geschichten nie so gründlich
zuhören, wie wenn wir sie selbst erzählen. Wir sind
Menschen, und wir besitzen das Wunder der Sprache,
das Wunder der Erzählung, das Wunder, vergangene Ereignisse vorübergehend vor dem Tod bewahren zu können. Ein anderes Wunder wird es wahrscheinlich nicht
geben. Entfernt uns die Sprache doch ebenso, wie sie uns
einander näherbringt. Zu Anfang glauben wir, die Worte seien eindeutig, sie bedeuten, was sie bedeuten. »Eure
Rede aber sei: ja, ja; nein, nein. Was darüber ist, das ist
vom Übel.« Doch dieser Glaube verlässt uns mit der Zeit.
Vor allem, wenn ein anderer unsere Geschichte anhört.
Unsere Sprache verrät uns. Wenn wir zu uns selbst sprechen, ist alles in Ordnung: Das Wort liegt am Leben an
wie die Haut am Körper. Nein ist immer nein, und ja ist
ja, weil Leben und Erzählung verschmelzen. Doch wenn
wir zu einem anderen sprechen, verlässt uns die Gewissheit. Und ist es nicht so, dass sich, wenn wir jemandem
unsere tiefste, einzigartige Wahrheit erzählen wollen, das
Böse einmischt? Und es nicht erlaubt? Nicht erlaubt, das
Wichtigste weiterzugeben, nicht zulässt, dass das Wunder
einer gemeinsamen menschlichen Sprache in Erfüllung
geht? Weil es die Rolle des Bösen ist, Zwietracht zu säen,
zu scheiden, zu trennen und die Erzählung zu verfäl-
schen? Um die Gemeinschaft zu zerschlagen?

Doch die Gemeinschaft existiert immer noch. Wir treffen uns, um einander zuzuhören, wenn wir unsere unvollkommenen, mangelhaften Geschichten erzählen. Bessere haben wir nicht. Wir lauschen den anderen, weil wir in der fremden Rede Bruchstücke unseres eigenen Lebens suchen, obwohl wir uns darüber klar sind, dass dies nicht gelingen kann, dass es utopisch und naiv ist. Dass wir wie Blinde sind, die von Farben sprechen. Doch anders ist es nicht möglich. Und verstummen können wir auch nicht.

Ich bin zweiundfünfzig Jahre alt und spreche zu euch aus der Tiefe meines Lebens heraus. Es ist ein Nachmittag Anfang Mai, und es regnet. Von dem Fenster aus, an dem ich sitze, sehe ich grüne Hügel und weiße Nebel, die von den Schluchten der Bäche aufsteigen. Das Grün ist lebendig, frisch, ein paar Tage alt. Die Eschen tragen noch keine Blätter. Gerade hat sich im strömenden Regen von der Wiese mühsam ein Mäusebussard zum Flug erhoben. Durch das eintönige Rauschen des Wassers dringen Vogelstimmen. Sie rufen einander, lassen nicht nach, ich höre sie sogar durch die Holzwände, zwischen denen ich sitze. Abgesehen davon herrscht vollkommene Stille und Ruhe. Die Schlehen blühen weiß. Oben im Wald blühen, ebenfalls weiß, wilde Kirschen. Es sieht aus, als wäre hier und da ein bisschen Schnee gefallen oder nächtlicher Rauhreif hätte sich gesammelt. Schwarze Amseln mit gelben Schnäbeln fliegen über das nasse Gras. Vor einer halben Stunde kam aus dem Dickicht ein Ziegenbock. Er war wie ein warmer brauner Schatten. Am Rande des offenen Raums hielt er an, nach

einer Weile zog er sich zurück. Der Platz, wo er gestan-
den hatte, war wieder vom Regen erfüllt, es war, als
wäre der Bock nie dagewesen. Das alles kann ich durch
meine zwei Fenster sehen, ohne vom Schreibtisch auf-
zustehen. Es gibt Augenblicke und Bilder, die uns die
Gewissheit geben, dass daran nichts zu verändern, nichts
zu verbessern ist. Wir möchten, dass sie ewig dauern,
aber sie vergehen. Wenn sie verschwinden oder wir sie,
um unser Leben fortzuführen, verlassen müssen, bevor
sie uns langweilen, bevor uns nach etwas anderem verlangt, nach etwas weniger oder etwas mehr – dann haben wir Glück. Wenn es so ist, bleiben sie uns für immer
erhalten. Wir werden zu ihnen zurückkehren, um Kraft
zu gewinnen, vielleicht auch Glauben.

Ich bin zweiundfünfzig Jahre alt und spreche zu
euch aus der Ferne. Dieses Bild habe ich eigens für euch
beschrieben. Ich hätte es nicht getan, wenn ich nicht
wüsste, dass ich in ein paar Tagen hier bei euch sein
werde.

Doch wenn ich die sich nach Südosten öffnende
Landschaft betrachte, sehe ich wesentlich mehr, als ich
beschreiben kann. Ich muss nicht einmal die Augen
schließen, um irgendwo tief in dem Tal, irgendwo hinter dem sanften Kegel des Uherec mein ganzes Leben
zu entdecken. Meine Kindheit, meine Jugend und mein
Erwachsenenleben, die mich zu diesem Ort geführt haben, die mir erlauben, mich an diesem Anblick zu er-
freuen. Ich schaue nach Südosten, auf den grünen Berg,
und ich weiß, dass die Landschaft auch aus all den Gefühlen besteht, die ich erlebt habe, aus all den Ereignissen, deren Teil ich war, aus all den Bildern, die mein

Blick berührt hat. Ich schaue durch den Berg Uherec
hindurch und sehe all die Menschen, denen ich begegnet bin, und höre ihre Stimmen. So funktioniert das
Leben; deshalb kann man es nicht beschreiben, kann es
niemandem erzählen. Deshalb sind wir, auch wenn wir
sprechen und zuhören, wie Blinde und Taube. Von den
Geschichten anderer verstehen wir nur Fragmente, einzelne Laute, Bedeutungsfetzen. Aber selbst sie, diese
Bruchstücke, haben in gewisser Weise Einfluss auf unser
Leben. Sie fließen in seine Strömung ein und lösen sich
auf wie ein Tropfen Blut in der Unermesslichkeit des
Wassers. So wie euch – ich hoffe es zumindest – der
Blick aus meinem Fenster an diesem verregneten Nachmittag bleiben wird. Bald werdet ihr ihn vergessen, er
wird in all den anderen Augenblicken eures Lebens untergehen, aber er wird euch für immer bleiben. Wie der
Tag in diesem alten Schloss mir bleiben wird. Es ist
nicht auszuschließen, dass ich ihn irgendwann vergesse,
aber das bedeutet nicht, dass er mir verlorengeht.

Es zieht mich. Es wird warm, der Tag wird länger, und schon zieht es mich. Nach Osten. Ich kann es nicht ändern. Seit ich denken kann. Alles beginnt in der Kindheit. Der Mai ist unversehens zum Juni geworden, die Hitze hat sich, zusammen mit der Zeit der letzten Schultage, verdichtet. Und diese – unerträgliche, klaustrophobische – Zeit ist plötzlich explodiert, hat sich entspannt und die Gestalt der Ferien angenommen, und die waren ja damals wie die Ewigkeit, wie die Unendlichkeit. Korrigiert mich, wenn es anders war.

Dann wusste ich, ich werde in den Osten fahren. Ich werde die Sommersachen in mein Bündel packen, heimlich noch einen Fetisch – Messer, Taschenlampe, Ledergürtel – hineinstopfen, und in der letzten Nacht werde ich nicht schlafen können. Morgens wird Vater mich zum Bahnhof Warszawa Stadion bringen und aufpassen, dass ich nicht untergehe in der dichten, vielköpfigen, tausendfüßigen Schlange, die schon eine Stunde vor Abfahrt des Busses so kompakt und homogen war, als wäre sie ein einziger Körper. Ich drückte mein Bündel an mich und bekam zeitweise keine Luft in all den Düften, die das gen Osten ziehende menschliche Monstrum absonderte. Schwarzer Tabak, Bier, blumiges Parfüm, Schweiß, gegerbtes Leder, Naphthalin, Geflügel und Käse aus den jetzt leeren Körben der Händler – starke Gerüche, miteinander verwoben, denn die Menschen lebten näher aneinander als heute. Und dann noch der dunkle, ölige Geruch von Diesel, der immer Reise signalisiert.

Dann fuhr der Bus los. Mińsk Mazowiecki, Kałuszyn, Grębków, Węgrów, Sokołów Podlaski, Jabłonna Lacka ... Wenn es »Lacka« gab, musste in der Nähe auch irgendwo »Ruskie« sein. Das heißt der Osten. All die Namen zählte ich in Gedanken mit solcher Ergriffenheit auf, als handelte es sich um die Stationen einer Karawane, als würde der Weg in fernste Reiche führen. Dabei fuhr ich ins Land meiner Großväter, Urgroßmütter, Tanten und Onkel. Ich fuhr in die Vergangenheit, aus der die Gegenwart entstanden war, an Orte, wo ich meine Wurzeln spürte.

Und wenn die Tage länger werden, zieht es mich wie damals. Nur begleitet mich heute keiner mehr. Mein Bündel schnüre ich allein und schmuggle ein Messer hinein. Die Karten klebe ich mit Tesafilm, damit der Ostwind sie nicht zerzaust. Ich nehme so wenig wie möglich mit, denn der Weg ist weit, und man weiß nie so ganz, wie es dort aussieht, und mit leichtem Gepäck hat man größere Chancen. Fünf-, siebentausend Kilometer. Nachts liegt da unten endlose Dunkelheit, und nur manchmal sieht man, wie rot die Taiga brennt. Am frühen Morgen, in den tiefen, schrägen Sonnenstrahlen, hat die Steppe eine rostrote Färbung. Der Schatten des Flugzeugs erinnert an den Schatten eines Fisches im Fluss. Fünf-, siebentausend Kilometer, das ist weit. Die ganze Nacht gegen den Strom der Zeit. Wenn wir älter werden, reicht unser Blick ein wenig weiter. Der Horizont ist ein Stück weggerückt. Doch für mich ist es immer noch so, als würde ich mit dem himmelblauen Jelcz vom Bahnhof Warszawa Stadion aufbrechen. Immer noch habe ich eine Taschenlampe im Gepäck. Au-

Berdem verschiedene Medikamente und eine Bandage, die das Kniegelenk unterstützt, für den Fall, dass ich auf einen hohen Berg steigen muss. In Gedanken wiederhole ich die Litanei der Namen, die die Kraft einer Fata Morgana in der Wüste haben: Ulan Ude, Ulan Bator, Peking, Jining, Erenhot, Sainschand ... Das erinnert noch immer an den Schauer des Kindes, wenn ich morgens mit dem Entschluss aus dem Haus ging, an diesem Tag »hinter den Wald« zu gelangen oder auf die andere Seite des Horizonts. Denn nichts weckt mehr Neugier als die Frage: Woraus ist die älteste Welt gemacht – die, in der wir noch nicht waren? Dazu gehört die Steppe, dazu gehört die Wüste und dazu gehören die Berge, die so gut wie menschenleer sind. Dazu gehört sogar China, mit seiner Größe und seinem Alter – es erregt Schwindel wie die Geologie, die auf Tektonik trifft.

Mitte der siebziger Jahre des vergangenen Jahrhunderts setzte ich mich mit den Dorfjungen ans hohe Ufer des Bug. Wir tranken einheimischen Wein und rauchten die billigsten Zigaretten. Das gegenüberliegende Ufer war niedrig, flach und ausgedehnt wie in unserer Vorstellung die Prärie. Kuhherden und einzelne Pferde weideten dort. In einem bestimmten Moment sagte einer von uns leise und sehnsüchtig: »Da drüben ist Białystok.«

Der Stich dieser Sehnsucht traf mein Herz, und ich spüre ihn bis heute. »Da drüben ist Białystok« bedeutete in Wirklichkeit: »Da drüben ist die Welt.« Später suchen wir unser Leben lang nach Orten, an denen wir diesen Stich zu spüren hoffen.

Im Vorwort zu ihrem Buch *Sonderkorrespondentin in*

der Mandschurei schrieb Ella Maillart: »1932 erreichte ich, aus Moskau kommend, einen fünftausend Meter hoch gelegenen Pass, den ich zu Fuß bewältigte, um an der Ostgrenze des russischen Turkestan Halt zu machen. Dort, von den Gipfeln des Tienschan aus, sah ich endlich im Osten, weit entfernt in der Ebene, die gelb schimmernde Wüste Taklamakan ...«

Ja, es gibt Augenblicke, da auch Ella Maillart, die große Reisende aus der Schweiz, redet wie ein Halbwüchsiger vom Bug. Und das reicht als Stich. Ich habe gepackt, übermorgen fliege ich nach Bischkek.

Transbaikalien. Krasnokamensk 7
Alte Straße Gródek – Jabłonna Lacka 8
Straße Nummer 993. Łysa Góra, dann die
    Kreuzung nach Folusz. Abenddämmerung 9
Bratsk. Flughafen 10
Ulan Bator, Mandalgow, Dalandzadgad, Manlai,
    Mandal, Sajnschand, Dzamyn Üüd 11
Suceava. Erinnerung 13

Der Leser 15
In der Hocke 18
Gamba 22
März 26
In Srostki 30
Ausgrabung 35
Nacktes Land 38
Hoch. Leer. Salzig 41
Ich stelle mir Kalabrien vor 45
816 49
Mai 52
Licheń. Herabsendung 56
Podolien 60
Ein Tag im Osten Polens 63
Der Leviathan aus meiner Heimat 66
Spuren 70
Nomaden 74
Shqipëria po ndryshon 78
Marubi 84
Herta Müller 88

Die Mittagsfrau 95

Terzani 99

Die Fabrik 102

Rauchen 106

Sommerreise mit meiner Tochter ins Reich
der Kindheit 110

Rock 'n' Roll 113

Das Wilde 118

September 122

Utopie 126

9,99 130

Auf literarischer Reise durch Deutschland
(und Österreich) 133

Mein Onkel 140

Markt 143

Raubtier 146

Totenfeier 149

Das alte Haus 153

Ramsch aus Beton 158

Oberek 162

Die berühmtesten Lemken der Welt 165

Weihnachtsreise an die Ostgrenze 174

Zigeuner 178

Die Melancholie der Übergänge 182

Hibernatus 185

Vögel 189

Aus der Ferne 193

Es zieht 202